清末民初文獻叢刊

舒藝室隨筆

[清] 張文虎 著

朝華出版社
BLOSSOM PRESS

圖書在版編目（CIP）數據

舒藝室隨筆 / (清) 張文虎著. -- 北京 : 朝華出版社, 2017.12

(清末民初文獻叢刊)

ISBN 978-7-5054-4114-9

Ⅰ. ①舒… Ⅱ. ①張… Ⅲ. ①史籍研究－中國 Ⅳ. ①K204

中國版本圖書館CIP數據核字(2017)第260701號

舒藝室隨筆

作　　者　[清]張文虎

選題策劃　楊麗麗　尚論聰
責任編輯　胡　泊
特約編輯　凌永放
責任印制　張文東　陸競贏
封面設計　劉敬偉

出版發行　朝華出版社
社　　址　北京市西城區百萬莊大街24號　**郵政編碼**　100037
訂購電話　（010）68996618　68996050
傳　　真　（010）88415258（發行部）
聯系版權　j-yn@163.com
網　　址　http://zhcb.cipg.org.cn
印　　刷　北京中科印刷有限公司
經　　銷　全國新華書店
開　　本　880mm × 1230mm　1/32　**字　　數**　102千字
印　　張　13.875
版　　次　2017年12月第1版　2017年12月第1次印刷
裝　　別　精
書　　號　ISBN 978-7-5054-4114-9
定　　價　98.00元

出版前言

中國自一八四〇年鴉片戰爭以來，傳統的農業文明在西方的堅船利炮轟擊之下徹底被顛覆，有擔當的知識分子苦苦追尋，思索社會改革的途徑。從最初的『師夷長技以制夷』到『民主制度，天下之公理』（梁啓超語），他們發現要『强國富民』，首先要『開啓民智』，衹有民衆擁有了獨立思想和批判精神，國家纔能實現真正的强大。在此後一百年的時間裏（一八四〇—一九四九），思想者們從社會變革深入到國民性的改造，用每一部作品見證着中國近代化的遞變歷程。這是一個極其重要的時代，《清末民初文獻叢刊》正是收録了這一時期的作品，大部分書籍都是早期版本，有着極高的文獻研究價值。

清末的中國經歷了『三千年來未有之大變局』（李鴻章語），大清王朝面對西方列强的艦炮，表現得驚慌失措。尤其是鴉片戰爭，使『天朝帝國萬世長存的迷信受到了致命的打擊，野蠻的、閉關自守的、與文明世界隔絶的狀態被打破了』（《馬克思恩格斯選集》）。一批士大夫知識分子，尤其是在歐美諸國擔任使臣或者游歷的知識分子最先覺醒，着眼于對西方國家的考察，進而反省本國政治制度的劣勢，可以視作『啓蒙』的端倪。如曾擔任駐英公使（兼任駐法公使）的郭嵩燾在《使西紀程》中以日記的形式記録了自己對歐西諸國的觀感，他在考察了英國的政治制度之後，發現英國政府官員收入超過三百磅者與普通老百姓一樣同等納税，他説：『此法誠善，然非民主之國，則勢有所不行。西洋所以享國長久，君民兼主國政故也。』他明確提出了『民主』，在國家的管理問題上，人民也有參與的權利。他在該書中所披露的西方政治、經濟、文化等領域優于大清帝國這一事實觸動了保守派的神經，立刻遭到保守派群起而攻之，進士何金壽彈劾他『有二心于英國，欲中國臣事之』，他家鄉湖南的民衆對他更是痛加詆毀，以至于滿城揭帖，誣蔑他『溝通洋人』，在這種群情汹汹的情況下，朝廷最後下旨將《使西紀程》毁版，從而使該書成了禁書。然而，書雖被毁版，却不能堵死民衆的傳播與閱讀的途徑，上海的《萬國公報》依舊連載該書，張佩綸曾説：『朝廷禁其書，而新聞紙接續刊刻，中外傳播如故也。』從某種意義上來説，啓蒙是時代的需要，盡管清政府發諭旨禁了該書，民衆乃至一些朝廷大員却依舊在私下閱讀，以便瞭解外部的世界。進步的社會是開放性的，任何企圖『閉關鎖國』的努力都意味着歷史的倒退，祇有開放，與整個世界文明保持同等的步伐，纔能實現真正的强國之夢。當大批知識分子走出閉鎖的國門，親歷了文明的洗禮之後，也就把啓蒙的智識帶回了中華大地。容閎的《西學東漸記》，梁啓超的《新大陸游記》，崔國因的《出使美日秘日記》等一大批作品介紹了海外諸國的政治、經濟、軍事、外交、文化。雖然這些作品在認識上仍然帶有時代的局限性，然而却是那時最爲珍貴的聲音。

另一方面，在學術上，中國文化母體内『經世致用』思想與資産階級思想相結合，也唤起了變革，以康有爲、梁啓超爲首的改良派試圖通過自上而下的革新以實現變革。康有爲的《新學僞經考》《孔子改制考》就是借經學之表論資産階級學説之裏的著作，康有爲的弟子梁啓超更是通過《新民説》一書提出國民性改造。與早期啓蒙者『師夷長技』的器物文明引進不同，梁啓超上升到形而上的精神領域，從文化心理上更加徹底地進行變革。梁氏是清朝末年到民國初年一個橋梁式的人物，被譽爲『輿論之驕子，天縱之文豪』，其影響力不但在學術領域，同時還在文學領域，他所倡導的『詩界革命』得到了譚嗣同、黄遵憲、丘逢甲等人的響應，黄遵憲的《日本雜事詩》，丘逢甲的《嶺雲海日樓詩鈔》都體現了這種主張。這一主張要求反映新的時代和新的思想，用『我手寫我口』（黄遵憲語）的方式直抒胸臆，對長期占詩壇主流的擬古主義、形式主義産生了巨大的衝擊，解放了寫作者的心靈和頭腦。

與社會變革同步的是早期對西方思想著作的翻譯，這裏面影響最大的是嚴復，他翻譯的《天演論》《社會通詮》等書直接孕育了民國一代的知識階層。魯迅、胡適等人在文章中都曾提到《天演論》對他們思想所産生的震撼。與嚴復略有不同的另一位翻譯家是林紓，他的譯作雖然參差不齊，但却在更細膩的心靈層次對讀者産生影響，許壽裳曾回憶，他和魯迅都熱衷于林譯的小説，如《巴黎茶花女遺事》《黑奴籲天録》《迦茵小傳》等作品。

辛亥革命之後，進步社會思潮成爲主流，比之清末思想啓蒙者『求存』的追求，民國以來的知識階層深入到了更加細微的肌理，一方面呼喚社會變革，另一方面進行點滴的建設，革命并不能使所有的一切一蹴而就，在更加深廣的領域，事物的改變是由微觀而宏觀。通俗地説，比之于革命，建設的意義更大。如《中國商業史》《中國教育史》《中國倫理學史》《中國哲學史大綱》《中國小説史略》等一大批作品都是進行系統的梳理與建設的理論作品。其中，以胡適和魯迅二人的影響最大，他們的作品一紙風靡，從而成爲新文化運動的主力人物。

《清末民初文獻叢刊》收録的文獻大致上可以分爲三個階段，其中龔自珍、張之洞、魏源、郭嵩燾、薛福成等人的作品可視爲『早期啓蒙』，康有爲、梁啓超、黄遵憲、嚴復、林紓等人的作品可視爲『中期啓蒙』，胡適、魯迅、蔡元培等人的作品可視爲『晚期啓蒙』。當然，這種劃分并非嚴格意義上的，大部分啓蒙思想者隨着時代的變化，其思想在不斷進步。縱觀整個近現代史，可以發現，要求變革不是在某一個領域，由某一類人發起和完成的，而是全社會的要求。

變革，已經成爲全社會的共識。

從清末民初的文獻中，我們能够發現一種豐富性。這些作品涉及政治、經濟、軍事、教育、外交、宗教、心理、情感等方方面面，從内而外地净化着中國兩千年以來的封建積習。它不衹是對社會的改造，更是對人心靈的重塑；它首重國家社會之建設，同時亦重靈魂心智之喚醒；它是宏大的，也是微觀的；它是嚴肅莊重的，也是活潑靈動的；這些作品結構精巧，思想内容深刻，擁有濃厚的人文主義色彩，對推動社會主義建設，實現中國夢有重大意義，是近現代中國一百年來最宏富的智識與情感的寶藏。因此，整理這些文獻作品，無論是出于資料保存的目的，還是爲圖書館提供資料副本，都有不可估量的意義。

特定時代下的文獻，當它一旦形成（既指草擬，創作的完成，也指其成爲一個載體），就不可再複製了，也就意味着它將面對消亡。對于文獻資料而言，越接近歷史事件發生的時代記録，越具有研究價值。文獻本身具有不可再生性，它衹會消亡，而不會增多。盡管文獻本身的文字可以保留下來，并進行傳播，却失去了當時的時代氣息。當時的作品可能在技巧上，文字的成熟度上不及當代，但它所負載的信息，創作者的情感都反映了當時的歷史，也就是説，它具有不可替代的歷史意義。

影印的版本有三個特點，第一是擁有文獻的『原始性』；第二個特點是『未經改動的』；第三個特點是『歷史的原貌』。所謂『原始性』，也就是説，它是第一手資料，而非轉述的，回憶形成的；『未經改動的』，是指未被篡改、删節、挖補的；『歷史的原貌』是指在影印製作過程中，完全依照文獻的原來模樣……這樣製作出版的作品，無异延續了文獻的壽命。

近現代思想史上的一個最重大的思潮就是『開放』，從林則徐的『開眼看世界』到蔡元培的『兼容并包』，都是在倡導一種開放式的胸襟。而《清末民初文獻叢刊》最有魅力的部分就是『開放』這一主題，衹有融入到世界文明發展的進程中，中華文明纔能歷久彌新。

《清末民初文獻叢刊》編委會

二〇一七年四月十四日

凡例

一、《清末民初文獻叢刊》（以下簡稱『叢刊』）爲影印本，舉凡所用之底本，均爲該書之早期版本。有清末刊本，亦有民國印本。

二、《叢刊》均依底本影印，未予删改；原刊本有誤，不予校改，以保留文獻之原貌。

三、《叢刊》所用之底本，因時日久遠存在漫漶的情況，均進行了修復；底本闕文、印刷不清，均保留原貌。

四、爲讀者閱讀之便，《叢刊》中之舊底本目録未標記頁碼者，編了目次；原底本有頁碼和目録，未予重複編目。

五、爲保持文獻的原始風貌，影印本保留了原書書影（原書爲多册，則保留第一册書影）、扉頁等信息。所用底本無相應信息者，則不予妄添，以免錯訛。

目録

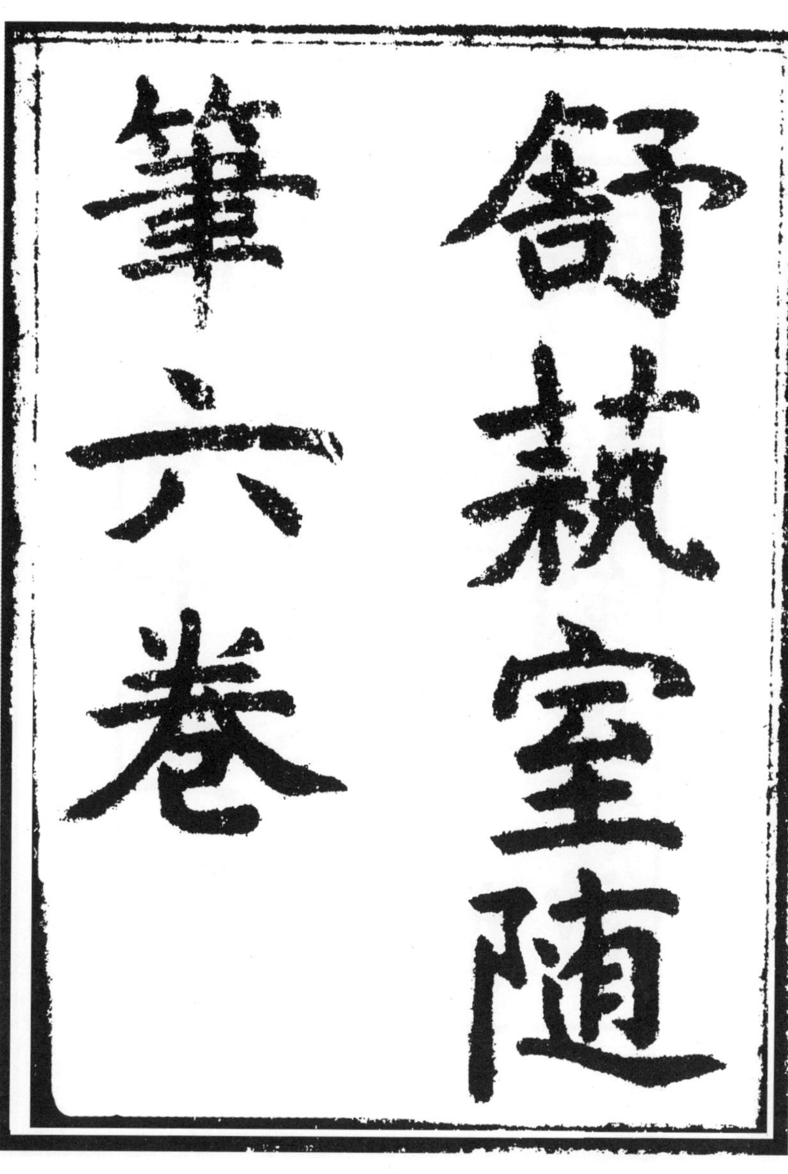

舒蓺室隨筆六卷

同治十三年
冬十月金陵
冶城賓館刊
張裕釗署首

舒蓺室隨筆卷一

南匯張文虎孟彪

漢書藝文志易經十二卷師古曰上下經及十翼故十二篇葢相傳舊說也自經師析傳隸經經傳混淆失其舊次孔沖遠正義謂經本上下篇十翼上彖一下彖二上象三下象四上繫五下繫六文言七說卦八序卦九雜卦十宋東萊呂氏古周易及朱子本義竝從之案晁以道古易以文言次象傳後與今乾卦篇合疑當從晁魏志高貴鄉公問博士湻于俊曰孔子作彖象傳鄭玄作注其釋經一也今象此謂象傳也而但偁象者以是知象曰彖曰等字古本已然不與經文連可知其時經傳未幷而注連之何也案此謂鄭君注

文各系經傳之下異於孔子之傳不與經連故下云鄭玄何獨不謙非斥鄭君合傳於經也合傳與經相傳本於費氏葢以漢書儒林傳言費氏亾章句徒以彖象繫辭十篇文言文言二字疑當在十篇上誤倒解說上下經想當然爾或者又以曹髦此問屬之鄭君而孔沖遠又謂分爻傳各附當爻之下始於王輔嗣然則輔嗣以前皆如今乾卦篇邪東萊亦疑之葢不可攷矣

坤彖傳至哉坤元萬物資生乃順承天案陽德健而用在施陰德順而用在承陽施陰而資始陰承陽而資生一陰一陽之謂道也陽施而變陰承而化而云乾道變化各正性命獨歸之乾者坤之功皆乾之功也地道无

成而代有終也

文言陰疑於陽必戰爲其嫌於无陽也案疑當讀爲儗説文儗僭也无陽猶言無君上云臣弑其君子弑其父蓋豫戒於履霜之初嫌於无陽九家作兼于陽兼猶竝也言竝立也義與疑亦同管子云內有疑妻之妾此宮亂也庶有疑嫡之子此家亂也朝有疑相之臣此國亂也史記李斯列傳云臣疑其君無不危國妻疑其夫無不危家卽此疑字

比九五王用三驅失前禽案前禽謂上六也四陰皆在下相承仰比於五而上獨自外故云失前禽傳曰舍逆取順是也象曰後夫上曰无首義同

履上九視履考祥其旋元吉釋文云祥本作詳晁引荀

作詳審也鄭注云履道之終考正詳備案爾雅釋詁考成也視履考詳所謂動容周旋中禮也故繫辭傳曰履和而至疑古本作詳虞注乾善爲詳則讀詳爲祥而王輔嗣遂改爲祥矣

同人大象傳天與火同人君子以類族辨物案天高在上火卽日也明無不照故君子法之以類族辨物蓋同中有異異中有同也

謙九三勞謙君子有終吉案九三體艮萬物之所成終而成始故曰勞此爻爲成卦之主故其辭與彖同

豫大象傳雷出地奮豫案豫當訓如凡事豫則立之豫爻辭可證雜卦傳謙輕豫怠取相反爲義所謂不豫則

廄也積之厚而動故曰雷出地奮

九四由豫大有得案小爾雅由用也君子陽陽詩毛傳同四爲成卦之主體震震爲決躁無所遲疑用豫之道也

蠱案釋文蠱一音故序卦傳蠱者事也審經文蠱無惑義雜卦傳蠱則飭也飭猶法也與事義亦相因昭元年左傳女惑男之說術家坿會乃別一義不足以解經正義引梁褚都講疏云物既惑亂當須有事李氏集解引伏曼容云萬事從惑而起調停二義此則本義壞極而有事之說所本也

彖先甲三日後甲三日案甲者十干之首所以作事謀

始先甲三日謀之前後甲三日愼之旣約言之非限於三日也艮成終成始巽申命用事故取義如此傳云終則有始大象傳云君子以振民育德義同

初六幹父之蠱案說文榦築牆版也卽根榦字經典相承作幹乾文言曰貞固足以幹事幹父之蠱若孟莊子不改父之臣與父之政充之則善繼善述矣故傳曰意承考也

臨象至于八月有凶案王氏經義述聞據象傳消不久也之義斷從鄭君及虞仲翔以爲建未乃周之八月是也復之七日少陽也自姤一陰生而數之臨之八月謂遯少陰也自復一陽生而數之陽主日故曰七日陰主月

故曰八月臨之傳曰剛浸而長謂陽長也遯之傳曰小利貞浸而長也謂陰長也聖人之言重規疊矩而學者以小見私識亂之或曰建申或曰建酉此無事自擾復一陽初生而曰七日來復有喜詞抑有勉詞爲臨剛浸而長而曰至于八月有凶有懼詞抑有警詞爲聖人之憂天下來世其至矣漢儒六日七分之術破碎難知借易卦以寄其說以之說易是謂褻經至十二辟卦實出自然復之七日臨之七月非此不能通故論易者每取之

六三甘臨无攸利既憂之无咎案說文甘美也从口含一兌爲口爲說恐其妉於此一陰故曰无攸利憂者憂其至于八月有凶也思患豫防則咎不長傳文咎不長與象傳消不久相對

噬嗑彖傳柔得中而上行案卦自否來初與五易故云

賁彖傳柔來而文剛分剛上而文柔案卦自泰來上與二易故云云傳於二曰與上興於上曰上得志其義灼然

天文也義海撮要載徐氏說句上有剛柔交錯四字案王輔嗣注亦云剛柔交錯以成文天文也似王本本有此四字而傳寫失之

六三頻復厲頻濱古今字說文作顰水厓人所賓附也顰戚不前而止三體震爲足而迫坤故云頻復厲如深則厲之厲三遠於初恐其怠故勉之

大畜六四童牛之牿案說文牿牛馬牢也告牛觸人角

箸橫木所以告人也此經牿字說文九家皆作告本義混而一之旣釋以詩之楅衡則當作告矣周禮地官封人凡祭祀飾其牛牲設其楅衡云童牛之告者葢將以祭祀告乃牿之借字

頤六二顚頤拂經于丘頤案二三四五皆在頤中而二最近初動而不已故曰顚拂經者戾其常度丘大也虛也於言語則放言高論於飲食則放飯流歠此之謂丘頤

上九由頤厲吉案由用也上爲艮主頤之道不得已而動在艮以限之養而有節則自養而亦能養人故傳曰大有慶也

大過九二枯楊生稊案夏小正柳稊傳云稊也者發孚也乳字从孚孚亦乳也蓋狀其萌芽說文艸部有稊字而禾部無稊疑傳本失之釋文引鄭作荑云木更生詩碩人傳云荑茅之始生也義亦相近

離九四突如其來如焚如死如棄如案九四與三重剛相接兩火相焫燎原之象重離與重坎等也水就下故於三云來之坎坎火炎上故於四云突如其來如

咸彖傳柔上而剛下二氣感應以相與案咸自否來恆自泰來皆四上互易故咸曰柔上而剛下恆曰剛上而柔下二卦六爻皆相應故咸曰二氣感應以相與恆曰剛柔相應

上六傳滕口說案說文滕水超涌也玉篇引詩百川沸滕今詩作騰蓋叚借字段注云然騰亦有超躍義自可通用

恆九三不恆其德案巽爲躁卦爲進退爲不果三居巽上迫近震動見異思遷者也

遯九三有疾厲畜臣妾吉案有疾厲者思患而豫防之慮陰柔之漸長也畜臣妾吉者艮體在上畜下二陰畜而能止善畜者也大傳曰不惡而嚴是已

上九肥遯无不利案正義引子夏曰肥饒裕也是就文爲訓王輔嗣云憂患不能累矰繳不能及似兼取淮南九師飛遯之說見後漢書張衡傳注汪君士鐸云毛傳所出同所

歸異爲肥泉見泉水傳爾雅釋水歸異出同流肥郭注亦引此遯世之士所歸不同故曰肥遯亦有意義

大壯九三小人用壯君子用罔貞厲羝羊觸藩羸其角案罔字釋文引馬王訓无本義因之王輔嗣解爲羅罔似皆詰籥疑當爲誣罔之罔蓋小人狂戾而君子或惑於誣罔之言則皆不免於觸藩羸角大壯爲大兌故三四五皆取象於羊三當兩卦之閒重剛躁進欲應上六而格於九四故有觸藩羸角之象本義訓羸爲困得之

晉初六晉如摧如貞吉罔孚裕无咎案摧如者難進易退不以進爲喜裕无咎者孟子所謂綽綽然有餘裕也當晉之初君子宜慎其始故傳云獨行正

六二晉如愁如貞吉受茲介福于其王母案愁者揫之段借字鄉飲酒義秋之爲言愁也尙書大傳秋者愁也萬物愁而入也皆以愁爲揫說文揫束也詩曰百祿是揫今長發作遒傳訓聚也坤爲衆有聚義故下云受茲介福于其王母三陰在下惟二得中故其占如此揫之爲言斂也虛中善下常懷憂懼亦攉如之義然則讀愁如字亦可

家人九三家人嗃嗃悔厲吉婦子嘻嘻終吝案離體以二陽閑一陰初在內不失其閑者也三則近外矣故嚴其閑爲家人之嗃嗃則吉或弛之則爲婦子之嘻嘻而吝也

九五王假有家彖王假有家所謂刑于寡妻至于兄弟以御于家邦者也其取義則本義備矣

睽六三見輿曳其牛掣彖三之輿曳上之豕鬼車弧寇皆取象於坎牛取象於離以是知互卦之說不可廢上九匪寇婚媾往遇雨則吉彖以互有坎體故有負塗載鬼張弧說弧之紛紛及得六三正應乃知坎體匪眞故傳曰羣疑亾兌澤爲雨坎爲心病故曰疑

夬大象傳居德則忌虞注乾爲則許叔重說文解字序引亦作則與今本同王輔嗣注云夬者明法而決斷者也忌禁也法明斷嚴故居德以明禁也正義申注亦作明今注疏本正文作則葢後人依今本改

萃彖王格有廟案澤地之爲萃猶水地之爲比也下順上說格廟之象又云用大牲吉大牲謂坤

井初六舊井无禽王氏述聞云禽指禽獸井當讀爲阱與井泥不同案王說是也古井阱同字論語井有仁焉孟子今人乍見孺子將入於井赤子匍匐將入井皆當讀爲阱坎初六六三皆云坎窞此言井皆取義於陷

震亨震來虩虩笑言啞啞案陽氣在下鬱則必發發則通矣天地之怒震動萬物及其過也乾清坤夷故曰震來虩虩笑言啞啞

漸大象傳君子以居賢德善俗俞氏羣經平義云居字包下二事而言解者誤以居賢德爲一事善俗爲一事

遂有疑賢字爲衍文者案俞說是也此文與未濟大象傳君子以愼辨物居方句同德有凶有吉故别之曰賢德賢德與善俗相對爲文猶辨物與居方相對爲文也此以居字領下二事猶彼以愼字領下二事也王注乃云賢德以止巽則居風俗以止巽乃善則已誤讀居賢德三字相連矣

上九鴻漸于陸其羽可用爲儀吉案陸疑當作阿古音阿儀同部菁菁者莪詩可證巨阿高處在上故也或疑陸爲逵誤不合古音

豐初九遇其配主雖旬无咎鄭虞並訓旬爲十日是也象曰日中二三四同上曰三歲皆比事屬辭傳曰過旬災也

則旬爲十日可知荀王及本義皆訓旬爲均於義不可通

巽大象傳隨風風巽案風之爲氣以陰入陽巽之象也隨風謂無所不至故說卦曰風以散之又曰巽入也

九二巽在牀下案說文牀安身之几也几亦作机此言牀渙言机取象同

九五先庚三日後庚三日案庚之爲言更也巽陰柔善承然有不得不更者又不可執守成之義也蠱言甲善其始巽言庚善其繼申命行事此之謂也

中孚象傳柔在內而剛得中說而巽孚王注有此四德然後乃孚正義申之云柔內剛中各得其所而以巽乖

爭不作所以信發於內謂之中孚故曰柔在內而剛得中說而巽孚也下乃化邦也正義釋經亦無孚字是古本以說而巽孚斷句今本皆以孚字屬下句

利涉大川乘木舟虛也案詩谷風正義引此文注云舟謂集板如今自空大木爲之曰虛即古文名曰虛案此是虛亦舟名自空大木蓋木之老而空腹者疑古者偶取空腹之木浮之以渡因名爲虛後乃刳大木而用之繫辭傳刳木爲舟是也集板之製又出其後於是虛之名鮮有知之者矣正義引但作注云王伯厚輯入鄭注蓋因上鄭唯何有何㠯爲小異七字而誤不察此七字有○隔之乃正義自論傳箋釋詩異同非言易注也阮氏校勘記又謂自空大木之自當作船則又誤於自字斷句耳

旣濟大象傳君子以思患而豫防之案水火相濟而亦相勝又狎之皆能爲害逆之亦能爲害故思患豫防思患豫防不於未濟而於旣濟其旨微矣

六四繻有衣袽終日戒王氏述聞讀有爲又引說文繻𦆲衣也云𦆲溫也𦆲衣所以禦寒案王說是也內離外坎由暑之寒宜豫爲禦寒之備四入坎體而上互離故傳曰有所疑也者水火相代危疑之際不可不戒也

旣濟初九濡其首以二至上互重坎也未濟上九濡其尾以初至五互坎也然則互卦不限於上中下上互三至上中互二至五下互初至四惟其象之似耳孔氏經學卮言所列互卦有上五爻互下五爻互此亦其一證申戒於重坎之外所謂思患豫防ㄴ

繫辭上聖人有以見天下之至賾案說文無賾字玉篇叵部有之引此文解云賾者謂幽深難見也正義解同傳中每以賾與動對舉疑賾義近靜與幽深義亦合京房作嘖蓋隸變相借祝睦碑范式碑探賾字並作嘖其訓爲精或靖字傳寫誤靜靖字古通嘖字說文云大呼也非其義本義釋賾爲雜亂未知所本

言天下之至賾而不可惡也言天下之至動而不可亂也案逸周書武順解地有五行不通曰惡惡者阻滯之義成六年左傳有汾澮以流其惡注云惡垢穢管子水地篇夫水淖弱以清而好灑人之惡尹注同蓋垢穢亦由積滯而生義相因也不可惡不可亂蓋謂靜而不滯

動而不亂

繫辭下爻有等故曰物物相雜故曰文案以重卦言則內貞外悔盡矣若以奇偶言則初三五爲陽二四上爲陰以爻位言則初與四二與五三與上皆相應以重爻言則初與二三與四五與六皆相比皆所謂等也而錯居其閒所謂雜也

書堯典欽明文思鄭注慮深通敏謂之思今文思作塞案塞亦通也以塞爲通猶以亂爲治以擾爲馴思與塞聲轉義通皋陶謨剛而塞義亦同葢剛而不通則愎矣九德皆上下相對務去其偏史記以實字代塞字雖正義然非其解也馬氏注道德純備謂之思漢書鄧惲傳

引鄭注考靈燿道德純備謂之塞蓋惟道德純備而後能會其通也洪範思曰睿馬注睿通也是馬鄭義同

寅餞納日與上寅賓出日相對賓餞有迎送之意馬注餞爲滅敬滅納日不辭鄭謂秋分夕月亦不可以釋納日史記五帝本紀高辛氏厤日月而迎送之蓋卽賓餞之義匈奴列傳單于朝出營拜日之始生今回國風俗每晚向西送日見西域聞見錄皆古禮之僅存者與

臯陶謨惟帝其難之解者皆云帝指堯案下文帝皆偁舜此何獨屬堯難有戒愼意與下而難佞人之難同詩桑扈不戢不難箋云不自難以亾國之戒疏云難者戒懼之意是也盤庚子告女于難義同

禹貢覃懷厎績某氏傳云覃懷近河地名史記夏本紀索隱云今驗地無名覃者葢覃懷二字或當時共爲一地之名案詩葛覃傳云覃延也又實覃實吁傳云覃長也說文覃長味也覃有長義引申之爲延此覃字義當爲延與詩覃及鬼方之覃同史記集解引鄭注祇云懷縣屬河内則覃非地名明矣

盤庚上盤庚遷于殷民不適有居率籲衆慼出矢言僞氏平議謂盤庚三篇中宐爲上下宐爲中上宐爲下曰盤庚作惟涉河以民遷者未遷時也曰盤庚既遷奠厥攸居者始遷時也曰盤庚遷于殷民不適有居者則又在後矣案今證之經文俞說𠂢是殆不可易籲字僞傳

訓和兪據說文訓呼亦是段氏尙書撰異謂懖本作聒衞包所改案此衆聒卽下文婚友幷非憂聒之聒蓋民不便新邑相與愬於勳聒之家勳聒之家又不敢入告徒坿和民言誦議於外故下文云起信險膚又云惟女含德不惕予一人又云女曷弗告朕而胥動以浮言恐沈于衆蓋勳聒亦多不願遷者故下云女猷黜乃心盤庚乃復進而告戒之也姚氏姬傳言自我王來迄厎綏四方皆述民不願遷之意亦塙

重我民無盡劉不能胥匡以生案劉疑當作鐂說文有鐂無劉蓋畱之假借字民有畱有徒親聒乖離不能相保以生也

盤庚中女不憂朕心之攸困乃咸大不宣乃心欽念以

忱動予一人案此謂爾不恤我心之所勞苦乃自蔽私見不獻其忱欲以浮言動我聽也僞傳不達經意

金縢二公曰我其爲王穆卜周公曰未可以戚我先王公乃自以爲功爲三壇同墠案穆卜者卜之穆廟也文王之廟凌氏禮經釋例據士冠士喪二禮謂凡卜筮皆於廟門案士冠禮注廟謂禰廟疏云儀禮單言廟者皆是禰廟不於堂者嫌蓍之靈由廟神疏引易繫辭鄭注云鬼謀謂謀卜筮於廟門凌說信矣穆廟者即禰廟取其近也高宗肜日典祀無豐於昵某氏傳昵近也釋文引馬注明考也謂禰廟也周公蓋欲禱於三王不循常卜故曰未可以戚我先王戚近也謂不當獨於禰廟乃別爲三壇同墠合大王王季文王而卜之也它日成王因天變而懼將

與大夫卜於禰廟此武王之廟及見金縢之書而止故曰其勿穆卜也某氏傳訓穆為敬其勿敬卜義不可通

君奭序召公為保周公為師相成王為左右召公不說周公作君奭案不說者蓋以周公攝政當國已不敢與之抗行也堯典舜讓于德弗嗣五帝本紀嗣作懌徐廣曰今文尚書作不怡索隱云不怡卽不懌也謂辭讓於德不堪所以心意不悅懌也史公自序虞舜不台又見漢書王莽傳後漢書班固傳台卽怡字見卷二此之不說卽彼之不怡義可互證觀篇中引殷周諸臣勸其任職勿讓又曰襄我二人曰在時二人曰惟時二人弗戡曰篤棐時二人皆勸以相助共濟意本明白而向來說經者史記燕世家集解引馬注

疏引鄭注竝同不解不說二字之義乃以召公疑周公不宜復列臣位故不說於序意經意兩失之且厚誣古人矣

立政謀面用丕訓德僞傳解爲謀所面見之事非其義案玉藻唯君面尊鄭注面猶向也向嚮古通面用猶言嚮用

詩邶風匏有苦葉濟有深涉深則厲淺則揭毛傳云由膝以上爲涉以衣涉水爲厲謂由帶以上也揭褰衣也（爾雅繇膝以下爲揭郭注褰裳也）案此本爾雅文然鄭風言褰裳涉溱褰裳涉洧是涉乃總名不必由膝以上而由膝以上卽不免以衣涉水則厲亦涉深水之總名不必由帶以上也（說文涉徒行厲水也是厲涉同用）厲說文引作砅云履石渡水也戴

氏毛鄭詩考正據詩在彼淇厲謂厲是橋梁之名以證說文是而爾雅毛傳非其實一也由膝以下固可揭衣而過矣由膝以上苟有石以藉足則仍可揭衣而過而仍謂之厲者從其朔而言也至於極深則幷非履石所能濟則須為之梁矣說文訓砅為履石渡水不卽訓為橋梁似厲與梁亦有閒詩之淇厲淇梁非一處也

魏風碩鼠樂國樂國爰得我直箋直謂見理於上亦謂能見己之隱曲說文直正見也从𠃊𠃊字卽隱从十从目襄七年左傳恤民為德正直為正正曲為直故毛傳云得其直道鄭箋云直猶正也意正相足又德字說文本作悳从心直則直與德義亦相因彼文承恤民為德言此

詩亦承上莫我肯德言莫我肯德言其不恤民隱也樂郊樂郊樂郊誰之永號案此謂雖念樂郊果誰爲樂郊可告愬者然則上云樂土樂國亦徒然心口間耳此其情爲尤苦也箋謂誰當獨往而歌號者言皆喜說無憂苦似非詩人之意

豳風鴟鴞予尾翛翛正義云消消定本作翛翛然則正義所據本作消消今經傳本作翛翛或作脩脩乃後人不解消字之義而妄改也案毛傳譙譙殺也消消敝也翹翹危也並與上拮据卒瘏相比切說文消盡也淮南原道訓齒堅於舌而先之敝高注敝盡也傳以敝訓消消蓋脫落之義惟其是消字故與譙翹嘵爲韵若翛脩

从攸得聲非同部矣且脩字訓長訓大義尤相反釋文儵素彫反已從改本然猶知讀儵爲消錢少詹定從儵字與詩傳戾

東山熠燿宵行毛傳熠燿燐也燐螢火也案說文無螢字古葢借熒字爲之集韻螢蠑火蟲或从熒後漢書靈帝紀帝與陳留王協夜步逐熒光行數里字正作熒螢蠑皆後起說文熠盛光也燿照也（爾雅熒火即炤炤與照同）燐鬼火也熒屋下鐙燭之光曰熠燿曰燐曰熒皆狀其光之閃爍耳（段注說文釋熒爲光不定引淮南熒或語證之甚塙）廣雅景天螢火燐也與毛公合積血成燐與腐艸爲螢正同類非眞有鬼也曹子建不喻斯旨强爲辨析疏復引之以糾傳固哉

小雅無羊牧人乃夢衆維魚矣旐維旟矣王氏述聞謂上維字訓乃下維字訓與此泥傳以旐旟竝列耳案傳云牧人乃夢見人衆相與捕魚是魚乃獻之借字指其事非指其物都人士匪伊垂之髮則有旟傳云旟揚也箋云旟枝旟揚起也疑此旟字亦當訓揚虛實相當無須異訓

大雅文王疏其年則入戊午蔀二十四年矣歲在癸丑案凡算術皆外所求乾鑿度所謂入天元二百七十五萬九千二百八十乃年前積數也以元法四千五百八十去之餘四百八十算外得甲寅是爲入戊午蔀之弟二十五年自此至魯惠公末年首尾共三百六十五年

維師謀注云數文王受命至魯公末年三百六十五歲引見下文魯下當脫惠字正與此合下既有入戊午蔀二十九年之文而必先言此者緯書依坿殷秝而殷秝以甲寅爲元故也以入蔀年當外所求如法求得甲寅歲天正甲子冬至聯合於日甲子歲甲寅之說實非元首年天正朔己亥至朔不同日依三統秝七十六歲爲一部二十部爲一紀積一千五百二十歲凡紀首者者字疑卽下文皆字譌衍皆歲甲寅日甲子案此文大誤三統術以八十一章爲一統積千五百三十九歲無紀蔀之名此云七十六歲爲一蔀二十蔀爲一紀乃四分術黄帝顓頊夏殷周魯六術皆同非三統術也四分術一元四千五百六十歲每千五百二十歲爲一紀如殷術天

紀起甲寅則地紀得甲戌八紀得甲午三紀既周然後復於甲寅爲元何云紀首皆歲甲寅乎

若欲知日之所在乘積年爲積日以日行一帀六十除之得日之所在案欲知冬至日則當以日餘乘入蔀年中法除之而得積日欲知天正朔當以章月乘入蔀年求得積月再求得積日皆六十去之而以所入蔀命其大餘今但曰欲知日之所在乘積年爲積日所求者何日所以乘積年者何數乎孔沖遠雖不精算術何至憒憒如此蓋有脫簡

又按三統之術魯隱公元年歲在己未案此亦據四分術也三統術此年距上元十四萬二千五百十算應超

九百八十九辰歲星在降婁太歲在卯非己未也

皇矣維此二國其政不獲維彼四國爰究爰度上帝耆之憎其式廓傳云二國夏殷也四國四方也耆惡也廓大也案憎其用大位行大政語甚詰籀訓耆爲惡它無所徵疑是釋憎字然惡其式廓意亦不安竊謂二國謂商四國謂周二國四國猶言二分四分所謂三分天下周有其二也史記孔子世家如王四國非文王其誰能爲此也耆當爲楷爾雅楷柱也讀爲天之所支之支憎當爲增孟子士憎茲多口趙注離於凡人而仕者亦謚多口集註云按此則憎當從土今本皆從心蓋傳寫之誤此亦以憎爲增也此言殷政不綱天下歸周者衆上帝眷顧西土將建立之以謚大其土宇也集傳亦以憎爲增

無然畔援鄭注畔援猶拔扈釋文引韓詩云畔援武強也顏師古漢書注引作畔換云強恣之貌案畔援猶⿰口反喭也論語由也喭鄭注子路之行失於⿰口反喭邢疏云今本⿰口反作畔王弼云剛猛也書無逸乃逸乃喭今本作諺辨見段氏撰異某氏傳曰⿰口反喭不恭正義云論語由也喭喭則叛喭⿰口反喭與畔援聲義竝近與下訢羨相對爲文拔扈亦畔援之轉聲箋義本韓較優於毛傳矣卷阿件奐爾游矣箋云件奐自弛縱之意義亦相因而各有所當

周禮地官保氏九數鄭注云方田粟米差分少廣商功均輸方程盈不足旁要今有重差夕桀句股也賈疏云今有重差句股也者此漢法增之又引馬注作今有重

差夕桀釋文亦云夕桀二字非鄭注是鄭注無夕桀馬注無句股今本竝有者後人依馬注增入鄭注目今永樂大典本九章算術缺旁要惟楊輝九章算法詳解句股容方弟一問引句股旁要法夕桀則惟秦九韶數學九章弟四篇望敵圓營術有其名云以句股求之夕桀入之亦卽句股容圓術也重差者重疊測望而知其差也劉徽海島算經序云度高者重表測深者累矩偭離者三望離而又旁求者四望此卽所謂重差也旁要夕桀蓋皆測望中之一事旁要測方夕桀測圓孔顨軒氏以爲旁要卽西人三角法案釋名云在邊曰旁史記扁鵲倉公傳索隱云方猶邊也要卽古腎字孔說殆近之

矣夕桀云者廣雅釋詁云夕衺也王氏疏證引呂氏春秋明理論是正坐於夕室也注云言其室邪夕不正桀首揭也文選謝靈運擬劉楨詩注桀與揭音義同又東京賦薛注揭猶表也蓋樹表而邪望之卽劉徽所云佪離者也疑重差夕桀古人本以旁要該之其實此三者皆不離於句股後人强爲之分析耳錢氏十駕齋養新錄疑夕桀爲互桀之譌儀徵阮文達公又以今有爲卽九章算術中今有術衰互乘今有皆算家通法不得另列爲一章且不得雜出於旁要重差下也

考工記車人之事半矩謂之宣注頭髮皓落曰宣釋文皓胡老反本或作顥音同劉作皓音灰皓無灰音明是

昊字之誤而各本相承盧氏亦因仍不改何與矢人則雖有疾風弗之能憚矣注故書憚或作但鄭司農云讀當爲憚之以威之憚又盧人句兵欲無彈注故書彈或作但鄭司農云但讀爲彈丸之彈但爲掉也此憚彈二字同義當皆訓爲掉商頌不震不動箋不可驚憚也以驚憚訓震動葢彈憚但動掉皆聲之轉太平御覽二百五十引字林云彈行丸者又栟也栟使戰動掉彈也栟使戰動掉彈者謂兩物相擊使動掉也栟葢同拼亦同迸謂使二丸相迸擊

儀禮既夕禮折橫覆之注云折猶庋也方鑿連木爲之葢如牀而縮者三橫者五無簀窆事畢加之壙上以承

抗席禮記雜記甕甒筲衡實見閒而後折入注云折承席也葢折如木架鄭訓爲庪又云如牀疑本與庪通爾雅釋天祭山曰庪縣釋文庪本或作庋又作攱同居委居僞二反玉篇广部庋居毀切庪同上亦祭山曰庪縣又立部攱居委切掎也載也抗也正與鄭釋折義合此陸說所本也史記梁孝王世家竇太后義格集解引如淳曰攱閣不得下索隱引周成雜字攱閣也通俗文云高置立攱棚曰攱閣字林音紀又音詭也亦與鄭注及玉篇相發明然則折當音庪而釋文音之設反則誤讀折爲斷字矣說見卷二又周官考工記玉人注其祈沈以馬釋文云小爾雅曰祭山川曰祈沈案爾雅祭山曰庪

縣祭川曰沈浮祈音九委反案今小爾雅無其文且祈沈乃二事不得合而爲一疑鄭注有脫文而祈卽折之譌字彼集小爾雅者又據誤文入之段氏懋堂辨小爾雅爲僞書見經韵樓集陸氏蓋亦疑其非故引爾雅文以正之而音祈爲九委反則固讀爲庪也折祈二字竝從斤聲祈可讀爲庪則折亦可讀爲庪矣古支脂二部音最相近說文广部無庪庋二字立部無攱字疑古但作折在手部庪庋攱本後起或卽其重文今折字爲妄人移入艸部而折之音義皆失向非旣夕雜記二篇及鄭注則無復可尋矣

禮記曲禮禮不辭費鄭注爲傷信君子先行其言而後從之蓋自不妄說人以下皆修身踐言之事此費字與

表記恥費輕實之費同鄭彼注云恥費不爲辭費出空言也正義云言而不行謂之辭費義正本此朱子謂辭達則止不貴於多是以辭爲修辭之辭矣

父母有疾言不惰鄭注憂不在私好惰不正之言案言不惰當與臨祭不惰之惰同論語語之而不惰者皇侃疏惰疲懈也侍疾之人精神勞瘁言語應對不可略形疲懈傷父母心若不正之言豈待侍疾而戒乎

喪服小記斬衰之葛與齊衰之麻同齊衰之葛與大功之麻同麻同皆兼服之案此謂斬衰既虞變服之葛首經要帶與齊衰初喪同齊衰變服之葛與大功初喪同故凡麻同者皆得以重喪兼輕喪之服鄭注皆者皆上

二事也服之謂服麻又服葛也意自明了毛刻注疏本誤作麻葛皆兼服之江氏禮記訓義擇言反以麻葛之本爲是不特於義窒礙且此文又見於閒傳何以通之

中庸君子之中庸也君子而時中小人之中庸也小人而無忌憚也案時中者無時無事而不得其中孟子譏子莫執中無權權卽所以用中故言中又言庸至於小人者本不知中又烏知所以用中然而變亂白黑自以爲中庸竊君子之似以爲禍於天下此其所以爲無忌憚也王肅於小人下增一反字義反淺矣

隱惡揚善卽黜幽涉明之意好問好察邇言執其兩端用其中於民所謂衆好必察衆惡必察也舜之大知如

此堯授舜舜授禹所謂允執厥中亦猶此皋陶謨知人則哲湯之言曰有罪不敢赦帝臣不蔽周有大賚善人是富蓋有天下國家者不過進賢退不肖而已其脩之身也不過好善惡惡而已其大知則在能辨善惡賢不肖於是非眞僞形迹疑似之閒所謂權也執兩以用中之道也

素隱行怪鄭注素讀如攻城攻其所傃之傃傃猶鄉也言方鄉辟害隱身而行佹譎玉篇傃字引傃隱行怪蓋即本鄭義集注讀素爲索則本漢書藝文志又君子之道費而隱鄭注費猶佹也釋文費一本作拂案皇矣詩四方以無拂箋拂猶佹也然則鄭讀費爲拂矣集註訓

費爲用之廣錢氏荅問謂費無美偁案招魂晉制犀比費白日些王叔師注費光貌也葢借費爲曊字淮南子墜形訓日之所曊注曊猶照也曊亦作昲廣雅釋詁昲曝也光有廣義故費亦可訓廣朱註非無所本然篇中費字不再見而它書亦無以費贊道者錢氏言是也今合上下文繹之則鄭說爲近君子有道則見無道則隱而或僻志山林故爲佹譎如巢由之類是賢知之過也遵道而行則不素隱不行怪矣半塗而廢又愚不肖之不及也依乎中庸惟道是適不見知而不悔其隱也道拂而隱非傃隱也它日贊易曰不易乎世不成乎名遯世無悶不見是而無悶樂則行之憂則違之非聖人其

誰與歸

博學審問愼思明辨格物致知之事也篤行則兼誠意正心修身成物則齊家治國平天下胥舉之矣二篇之義固相表裏語有詳略爾

大學國治之治陸音直吏反先治其國之治無音岳倦翁謂平聲係使然去聲係自然則格致誠正修齊平又如何分別葢一字而義有虛實呼之自當有輕重今人口語猶然古人讀虛實字必小異其音後人不得其讀但求之四聲耳莊二十八年公羊傳伐者爲客伐者爲主解詁云伐人者爲客讀伐長言之見伐者爲主讀伐短言之釋文不能發音故漢經師貴口授

大戴記公冠成王冠辭使王近于民遠于年年字說苑及太平御覽七百三十六引禮外傳竝作佞年佞一聲之轉春秋襄三十年天王殺其弟佞夫公羊作年夫遠于佞與上近于民相對聲近誤爲年劉昭續漢志注引遠于佞上別出遠于年又淺人所加

春秋魯隱公九年三月癸酉大雨震電庚辰大雨雪案此建寅之月也夏小正正月啟蟄蓋古驚蟄節在雨水前立春後雷電不爲異繼以雪則異耳劉子政謂旣已發則不當復降是也然大都得之冬煖愆陽不伏驟感陰氣搏擊成雷及其旣散則化爲雨雪以予所親歷如道光十八年除夕雷電明年元旦大雪咸豐九年正月

二十六日雷電二十九日雨雪同治四年正月十一夜大雷雨十四日雨雪昔以爲異今爲常矣劉歆謂三月癸酉於秝數春分後一日然則建卯非建寅也以三統術攷之周三月壬辰朔無癸酉庚辰四月壬戌朔十一日壬申春分十二日癸酉十九日庚辰而經書三月者泰州陳宮諭謂隱公元年前實多一閏是也

桓三年左傳藻率鞞鞛杜注藻率以韋爲之所以藉玉也正義引服虔以藻爲畫藻率爲刷巾是服杜皆以藻率爲連文案傳文上下竝以一字爲一物孔旣釋藻爲繅自不得牽藻率爲一說文帥佩巾也或作帨又刷下云禮有刷巾與服義合然非謂畫藻於帨也段注辨帥

帨率同字甚詳而於璪率猶仍服誤率當所律切釋文音律非

文十八年左傳掩義隱賊疏解為心頑而不則德義之經釋文說亦同似非傳意義字當讀如呂刑鴟義姦宄之義王氏述聞於立政篇乃三宅無義民云義讀為俄說文俄行頃也頃與傾同賓之初筵箋俄傾貌廣雅俄衺也古俄義同聲故俄或通作義亦引呂刑文為證此傳掩義與隱賊同義正承上文掩賊為藏來則亦當讀為俄矣

宣二年左傳華元殺羊食士其御羊當斷斟不與案其御羊者叔牂也斟不與者說文斟勺也分羹之器也古以斟分羹如史記趙世家襄子使廚人操銅枓行斟是也因卽謂之斟而叔牂不

得與也因叔牂名羊與羊羹之羊相混遂以羊斟二字連讀而誤爲姓羊名斟然則史記宋世家作其御羊當斷羹不及又爲姓羊名羹乎然此誤已久故下文曰君子謂羊斟非人也又曰其羊斟之謂乎蓋兩斟字皆後人妄增正義引服虔載賈逵鄭衆說皆羊斟爲名

昭元年左傳風淫末疾杜注末四支也案素問繆刺論上下左右與經相干而布於四末注四末謂四支也樂記奮末廣賁管子內業篇氣不通於四末注竝同正義引賈氏訓末爲首無它證又穀之飛亦爲蠱外傳蠱之慝穀之飛實生之論衡商蟲篇穀蟲曰蠱蠱若蛾矣粟米饐熱生蠱杜注本其說云穀久積則變爲飛蟲名曰

蠱正義皆不能爲之引證

昭十六年左傳非不能事大字小之難杜以九字爲句語頗詰籀服斷字小之難爲句解云字養也視杜爲優正義右杜左服謂字爲愛不爲養案昭十一年傳使字敬叔杜注字養也豈遽忘乎說文字乳也廣雅字生也皆有養義愛與養義亦相近

何邵公公羊傳解詁序其勢雖問不得不廣語不可解上句疑當作其埶難問埶與勢古勢字本作埶後人加力難與雖皆字形相近而譌埶難問者卽解詁所謂埶不知問也然徐彥作疏時已誤

桓十一年公羊傳少遼緩之則突可故出而忽可故反

是不可得則病然後有鄭國孔氏通義釋故爲如故是也則字當讀爲而（經傳釋詞云則猶而也）少遼緩者依違之辭矣雖暫立而仍可使出昭雖暫出而仍可使入如是君可不死國可不亾而人亦不得而罪我以是存鄭此公羊氏所謂蔡仲之權也

僖十年公羊傳君嘗訊臣矣釋文出嘗訊二字云音信上問下曰訊是何氏未釋訊字故釋文及之今本解詁中亦有上問下曰訊五字葢後人所增又文十五年傳筍將而來也釋文出筍將二字云音峻竹箯也將送也而今解詁亦有竹箯及將送也之文葢類此者多矣

隱八年穀梁傳或曰隱不爵大夫也或說曰故貶之也

案上文注云不知為是隱之不爵大夫為是有罪貶去氏族注所謂有罪卽此文故字葢當時有此兩說也故讀如律故犯故殺之故王氏述聞以故為承上之辭乃疑其衍字

昭八年穀梁傳艾蘭以為防此句與下置旃以為轅門以葛覆質以為槷一例艾乂古通說文作⿱辟乂治也蘭本作闌漢書成紀元延二年冬大校獵師古曰校以木相貫穿為闌校又司馬相如傳天子校獵師古曰校獵者以木相貫穿總為闌校遮止禽獸而獵取之是闌為行圍之木柵以防禽獸衝軼闌亦作蘭三輔黃圖上林苑有上蘭觀葢畜禽獸之處楊子雲羽獵賦翼乎徐止乎

上蘭班孟堅西都賦遂繞酆鄗歷上蘭張平子西京賦正壘壁乎上蘭元后傳較獵上蘭字竝作蘭史記汲黯列傳集解引孟康曰今御武帳置兵蘭五兵於帳中漢書蘭作闌是凡木柵皆名闌或作蘭今俗竝作欄字也今國語亦有木蘭之名而范注蘭爲香草疏又從爲之辭車攻詩毛傳云田者大芟草以爲防似已誤解

論語學而首章弟一節學不厭也弟二節誨不倦也弟三節遯世不見知而不悔也聖人以身體者勉人開宗明義大旨已具注家皆言下學之事而擴而充之上達亦不外乎是矣

八佾篇繪事後素集註云先以粉地爲質而後施五采前人議之矣集解引鄭注先分眾色然後以素分布其

閒以成其文此本考工記凡畫繢之事後素功然似非此章之旨說文絢篆引詩素以爲絢兮段注以爲許用白受采之義似矣而猶未悟論語之素非謂粉也說文素白致繒也字從𠂹取其澤致堅緻也謂惟以素爲質而加絢則采色分明此則甘受和白受采忠信之人可以學禮之意也

王孫賈媚竈之問疑亦當在見南子時與子路之意蓋同皆疑夫子急於行道不惜枉己以求合獲罪於天之荅亦即天厭之義與

先進篇魯人爲長府閔子騫曰仍舊貫如之何何必改作案哀十一年左傳季孫欲以田賦使冉有訪於仲尼

仲尼曰丘不識也三發卒曰子爲國老待子而行若之何子之不言也仲尼不對而私於冉有曰云云而其明年經書春用田賦疑長府之作當在此時季氏志在必爲言之無益而又不可以緘默而已閔子之言婉而有體正與夫子意合故云言必有中有若對哀公年饑用不足之問疑亦在其時

顏淵篇片言可以折獄孔氏解爲偏信一言義殊曲鄭訓片爲半是也廣雅釋詁同集註亦主鄭義半言蓋極言其辭數之少獄謂事之糾結聚訟者子路勇決故剸鐘立斷冰解理釋即由也果於從政乎何有意非必刑獄之獄也

憲問篇克伐怨欲不行焉可以爲仁矣案克伐怨忮也

欲求也克伐怨欲不行則不忮不求矣子貢結駟連騎而原子攝敝衣冠見之亦所謂衣敝縕袍與衣狐貉者立而不恥者子曰仁則吾不知也蓋卽何足以臧之旨哉

衛靈公篇立則見其參於前也案立當如升車必正立執綏之立參當讀爲驂乘之驂（古字本通故曾子字子輿）乃與下倚衡相應而合夫子荅問行之意（子路篇荅樊遲問仁語意與此同疑彼文仁字當作行形近而譌後見宋人小說亦有論此者）

陽貨篇宰我問三年之喪章邢疏引繆協說假時人之謂啟憤於夫子吾友戴君望引春秋閔公元年夏五月吉禘于莊公公羊傳譏始不三年以證之深得聖門問

荅之意蓋禮壞於國君誠有不可以明言者憲問篇顓孫氏諒陰之問意亦同此

孟子梁惠王篇轉附朝儛注家不詳其處竊以爲朝儛卽轉附皆卽之罘之轉聲也史記秦始皇紀二十八年上泰山刻石乃竝勃海以東過黃腄窮成山登之罘南登琅邪又二十九年始皇東游登之罘刻石遂之琅邪集解引地理志東萊有黃縣腄縣又云之罘山在腄縣正義罘音浮引括地志云在萊州文登縣東北百八十里成山在文登縣西北百九十里又云之罘山在海中文登縣古腄縣也又云今兖州東沂州密州卽古琅邪也密州諸城縣東有琅邪臺案腄縣今山東登州府福

山縣地之罘在其海中成山屬榮成縣海邊在之罘東南琅邪今兖州府沂州地在成山西南始皇自之罘遵海而南至琅邪正與齊景公語合遵海猶言沿海也惟成山在之罘東南史不當先言窮成山後言登之罘疑史文倒置後文三十七年臨浙江上會稽還過吳從江乘渡並海上自琅邪北至榮成山至之罘此自南而北先至成山後至之罘則成山在琅邪之罘之閒其自北而南當先登之罘後窮成山明矣轉與朝字形相近而皆與之字聲相轉附古音入侯部轉入幽部皇矣附與禡侮韵角弓附與木猷屬韵燭乃幽之入聲也又馬聲古入虞部常棣外禦其務左傳作侮是侮有務音與今

讀同而務字實本矛聲故附與罘僻侯幽虞三部相轉爲甚近也子虛賦射乎之罘與琅邪(古音余)孟諸爲韵是讀罘入虞部正與附僻字近也轉附與朝僻形聲皆近疑古本有異文後人不能定遂竝存之耳

畜君何尤之畜疑當讀爲勖古同音相借燕燕以勖寡人坊記引作畜勖之爲畜猶畜之爲勖矣說文勖勉也景公志在游觀而晏子勉以補助所謂責難陳善引君當道者也好君非釋畜君乃謂以善勉君乃正所以忠於君也

齊人伐燕勝之案齊破燕孟子以爲宣王時事燕策仆燕之舉勸之者儲子將之者章子屬之齊宣與孟子合

史記於六國表田齊世家皆不書而著之趙世家以爲湣王蓋史公以宣王侵威王之年湣王侵宣王之年故說見卷四通鑑於周赧王元年書齊破燕卽於是年書齊宣王薨湣王地立蓋破燕實在宣王末年故當時有以爲湣王者水經淄水注云營陵城其外郭卽獻公所徙臨淄城也世謂之虜城言齊湣王伐燕燕王噲死虜其民實諸郭因以名之此父老傳聞之說未必實事也自太史公時已不能定其事故參差闕略而王白田謂孟子七篇所言齊王皆湣王湣王初年兵彊天下與秦爲東西帝故孟子謂以齊王猶反手後來傳孟子者改湣王爲宣王以爲孟子諱耳案據史記齊湣王與秦爲東西

帝在三十六年卽依通鑑降十年亦在二十六年不得爲初年而史記孟子列傳韓詩外傳言孟子游齊竝在宣王時無涉湣王者豈皆後人所改與此所謂截趾以適屨者也

公孫丑篇志壹則動氣氣壹則動志也集註解爲專一於理未融趙注云壹志氣閉而爲壹也與下蹶者趨者爲近壹與噎義通黍離中心如噎疏云噎咽喉蔽塞之名蓋氣有所屈爲壹因加口而爲飯窒之名漢書賈誼傳獨壹鬱其誰語師古注壹鬱猶拂鬱也是可以證趙注

滕文公篇兄戴蓋祿萬鍾趙注以爲戴食邑於蓋遂無

以處蓋大夫王讙閭百詩乃爲二人同食邑之說以調停之敬齋古今黈解戴蓋爲乘軒孟子無此鄙語案蓋是語辭亦約略之辭趙注乃無事自擾皇甫謐高士傳云陳仲子齊人也其兄戴爲齊卿食祿萬鍾是不以蓋爲食邑

當在宋也孟子將有遠行案孟子遊跡至梁爲最遠故惠王曰不遠千里而來此遠行蓋將適梁而上云前日於齊則是孟子先齊後梁與史記列傳合矣然尹士譏孟子至齊亦云千里見王何也竊意孟子實兩至齊其初至齊蓋在威王末宣王初盡心篇有齊宣王欲短喪事則疑卽威王之喪也公孫丑齊人故有爲期之喪之云

而孟子謂宜告之以孝弟是時孟子猶未見宣王所謂願見而不可得也比由宋適梁居梁不久而惠王卒襄王立其再適齊蓋亦以宣王卑禮來聘之故過薛受餽當在此時觀陳臻前日今日云云可見而自是至齊遂爲客卿而仕於齊依通鑑周愼靚王三年當梁襄王元年齊宣王十五年孟子自梁適齊當在其時

萬章篇舜禹益相去久遠語不可通以上文證之此文相字亦當讀去聲去當爲之字之誤遠當作速字形相近而譌孟子每以久與速相對相之久速與下其子之賢不肖皆承上文而約言之

百畝之糞王制糞作分注云分或爲糞分與糞聲近而

譌管子小匡篇龔除其顚旄國語作班序顚毛班亦分也與頒通用

爾雅釋器一羽謂之箴十羽謂之縛百羽謂之緷周禮地官羽人作十羽爲審百審爲摶十摶爲縛鄭康成孫叔然皆以雜文一羽爲非葢一當作十十當作百百羽當作十縛此自爾雅誤文然羽人之摶卽縛之借字其十摶爲縛之縛當依爾雅作緷葢亦誤也箴審同部音近假名流變穆天子傳於是載羽百軍此亦緷之借字注云十羽爲箴十縛爲緷可證今本之譌俞氏平議云緷通作揮緷之作揮猶縛之作摶鄭公孫揮字子羽然則緷當音許歸反而陸音古本反非也

釋樂宮謂之重商謂之敏角謂之經徵謂之迭羽謂之栁注家穿鑿字義如繫風捕景竊疑五音之名本象其聲不必拘泥其義重敏五字亦猶如此惟敏經迭三字實互誤當云商謂之經角謂之迭徵謂之敏敏從每聲每從母聲生民詩履帝武敏與祀子止爲韵鄭箋釋爲拇拇亦從母聲葢讀敏如拇與徵同部徵固讀如祉蒸部之部本同入互轉也又逸周書太子晉篇溫蒸敦敏與改起子韵然則重經迭敏栁卽宮商角徵羽何字義可尋乎或本依五音相生之次則當爲重敏經栁迭

大簫謂之言郭注編二十三管長尺四寸詩有瞽疏引同邢疏引博雅通典引月令章句皆云二十三管文選洞簫賦注同今廣雅作二十四管周禮春官小師疏引同藝文類聚引三禮圖作

二十四彄蓋二十四乃倍十二律呂之數疑作二十三者誤也陳氏樂書引蔡邕說亦作二十四案編簫卽今排簫也說文云簫參差管樂象鳳之翼小師疏引通卦驗亦云形象鳥翼則宜依律呂爲長短又楚詞湘君吹參差兮誰思王注參差洞簫也今統云尺四寸無以別聲則不爲洞簫當如蔡伯喈說以蜜蠟實其底而增減之見通典否則須開旁孔矣今排簫見律呂正義十六管爾雅所謂小者謂之筊也十二律呂加夷南無應四倍律爲十六無蠟底無旁孔分陰陽二均左八管自長九寸一分奇至四寸奇右八管自長八寸六分奇至三寸八分奇短者居中長者在邊合於鳳翼之象矣

釋山重甗隒郭注謂山形如累兩甗甗甑也案釋畜云騉駼枝蹄趼善升甗甗卽巘之借字西京賦陵重巘獵騉駼正作巘下文小山別大山鮮釋名鮮作甗詩公劉毛傳云巘小山別於大山也葢亦音近相借呂覽獻羔小戴記作鮮羔亦其例

釋草蘪懷羊郭注未詳釋文蘪作蘼錢氏荅問云類篇芊之惡者曰蘼疑卽此案如錢說則羊當爲芊古羊字本作芊與芊極近釋木瘣木苻婁注謂木病尩傴癭腫說文瘣病也一曰腫旁出也然則婁乃瘻之借字葢芋魁形醜大如癭瘻故有此名懷字疑當作瓌瓌卽瓌字說文傀之重文方言注傀言瓌瑋也釋木又云枹㮫木魁瘣郭注云盤結磈磊然則瘣卽芋魁之魁

字明矣

垂比葉郭注未詳案垂字本作𠂹說文艸木華葉𠂹象形廣韻作𠌶云華葉下縣說文比密也此草必密葉而常垂故獨擅此名猶桑之爲叒矣

權黃華注今謂牛芸草爲黃華華黃葉似荍蓿案說文芸艸也似目蓿蓋牛芸似芸故亦冒芸名而芸本香草則氣味亦近之矣今俗有名辟汗草亦名草木犀以爲其花色黃而香似桂故名其實乃荍蓿之轉音耳今金陵人呼荍蓿爲木犀茶亦其一證爾雅翼謂芸蒿莖幹婀娜鄭夾漈說同此草頗似之又經秋則葉背有粉亦與程氏易疇釋艸小記之言芸者合葢芸類不一牛芸其一種也今婦人簪其花云辟髮臭

蔠葵蘩露注承露也大莖小葉華紫黃色本草陶注云落葵一名承露蜀本注云蔓生葉圓如杏葉子似五味子生青熟黑據此似卽吳俗所云紫草子者（亦名燕支孃）蔠疑本作絡譌爲終（釋文本作終）猶鷞鳩譌爲鶆鳩也葵本菜之總名絡言其蔓緐露者蓋以其子纍纍如冠上緐露蔠字蘩字之從艸蓋後人加之然絡雖譌蔠而人口相傳其音不改遂又爲落葵矣

釋蟲蝖衡入耳郭注蚰蜒案考工記卻行注云蝖衍之屬蝖衍蓋名其引申之狀（蚯蚓名蝖蓋本同類）蚰蜒卽蝖衡之轉音邢疏謂黃色而細長呼爲吐古是卽水蛭俗所謂馬黃者（黑者謂之蜞）乃又云象蜈蚣郝疏云黑色多足邵疏亦

引淮南子之蚙窮爲證則以後文蛝馬蝬者當之矣馬蝬亦能卻行而狀殊不類惟云入耳則似是蓋年深屋壁皆有之時墮几席若蛭能入人足無由入耳也馬蝬吾鄉謂之蠁蜒蟲而郝云名蚰蜒蓋方俗異呼吳俗又呼蝸牛之無殼者爲蜒蚰則又螔蝓之轉音矣釋文螔余支反蝓羊朱反

蛝馬蝬注馬蠲蚐案說文引明堂月令腐艸爲蠲呂氏春秋作蚈此卽莊子夔憐蚿之蚿釋文引司馬彪云馬蚿蠲蚐蚈一聲之轉蛝蝬蚿亦聲相近淮南子謂昌羊去蚤蝨而來蚙窮其實此蟲不必在昌蒲根凡艸根皆有之故古人謂腐艸所化今驗屋壁陰溼處亦往往而有幷不必

由腐艸也其在水中橋柱及木杙中者長至尺餘此昔人所未言矣死則屈如環戰國策云百足之蟲死而不僵蓋指此然吳俗呼蜈蚣爲百腳則名與形皆相混也

蜆縊女注小黑蟲赤頭喜自經死案此蟲當秋後作繭吐絲自縣非死也久之乃化蛾蝶之類飛去蓋亦蠶之一類然如蛄螄蚇蠖皆如此不知何以獨擅此名蜆疑即絸之異文六書故引唐本說文云即繭字是也絸本古文繭字

釋獸威夷長脊而泥王氏述聞云四牡正義以倭遲爲長遠是威夷長貌案說文豸獸長脊豸豸然有所司古伺字殺形即此文的解泥與昵同蓋狎近之古人體物惟

肖如此郭注云少才力誤解泥字耳釋畜犬生三猣玉篇犬部廣雅一東猣字竝訓犬生三子與爾雅同釋文音子公反是所見本無異而玉篇猥字下亦訓犬生三字則傳本之誤說文猥犬吠聲廣韻十四賄猥下訓同（集韻類篇同）錢氏荅問乃謂爾雅猣當爲猥直以說文無猣字故反以誤本爲是然經典字說文闕者多矣不能執許書一一改之也（篇韻又有獀字亦訓犬生三子其皆形近而譌明矣）

舒蓺室隨筆卷一

舒蓺室隨筆卷二

南匯張文虎孟彪

說文丄部旁溥也从二闕方聲嚴氏校議云凡言闕者轉寫斷爛校者加闕字記之錢氏斠詮云央字下云从大大人也央旁同意則此字从人矣案二說皆是也旁字在丄下二文閒从方者四方也从人者天上地下人在中也故云央旁同意然則旁字義許書元未闕

示部祀祭無已也案祭無已語簡未達定八年公羊傳解詁云言祀者無已長久之辭疏云見其相嗣不已長久常然此葢漢儒相傳之訓謂子孫世祀不絕也故年亦謂之祀

祂祔祂祖也案文本爾雅段氏注云祔謂新廟祂謂毀廟皆祖也連引之是也類篇引此文作祔鬼祖也祂鬼異部而聲相近疑祂卽祭法去墠爲鬼之鬼祂其本字鬼其借字也

三部三天地人之道也从三數凡三之屬皆从三弎古文三从弋案實無从三之字而特立一部者明天地人道各有其極也玉篇云一生二二生三三生萬物正與此解相發其凡三之屬皆从三七字疑後人增書中凡無部可歸亦無从此字偏旁而獨立一部者疑皆不當有凡某之屬皆从某七字

王部壐瓄玉也瓊赤玉也段注改赤爲亦謂倘是赤玉當廁璊瑕二篆閒固是顧上下諸文皆云玉也何以此

獨云亦玉嚴氏校議及桂氏義證以說文無瓄篆謂瓄卽瓊字之譌而此文赤玉乃⿱來玉字誤分似矣然廣雅玉篇廣韻皆有瓄字晉書輿服志云九嬪佩采瓄初學記引晉服制亦云婕妤佩采瓄安知非說文本有瓄篆而傳本失之嚴又引宋書禮志及御覽引尙書舊傳之采瓊爲證案史記大宛列傳漢書張騫傳竝有采來之文來葢⿱來玉之本字見卷三後人加王卽此⿱來玉瓄字疑⿱來玉瓄及瓊皆采玉故以類相次今失瓄篆而瓊下采字誤爲赤遂致議者之紛紛

瑗大孔璧人君上除陛以相引段引荀子聘人以珪召人以瑗案疑人君二字卽召人之誤倒義證云本書爰

引也續漢書文士傳應劭字仲瑗漢官儀劉寬碑文心雕龍並同然則瑗字从爰以義兼聲

玎齊太公子伋謚曰玎公段謂古音丁公之讀與凡丁音異案廣韻下平聲十三耕中莖切下收玎字引許氏此文與段說合玉篇玎字注引此文在都廷切下又引謚法義不克（義上蓋脫述字）曰玎又竹耕切是有兩讀今逸周書謚法解作述義不悌（悌字疑誤）曰丁史記正義論例及齊太公世家正義引謚法並作述義不克曰丁是丁玎同字非美謚也呂伋之名見於顧命昭三年左傳丁公與太公並偁（釋文丁字無音則讀如字）其述義不克無可攷齊世家丁公子乙公乙公子癸公自以行次為號自周以來不聞

它有謚玎者都廷竹耕二切本類隔非有二義爾雅釋天太歲在丁曰强圉月在丁曰圉白虎通丁者强也與逑義不克之說適相反謚法解多有後人增竄者未可爲據廣韻丁齊太公子伋謚丁公因以命族蓋譜諜假借

玨部班从玨刀案疑當云从玨分省聲寫本脫爛耳周禮大宰九式八曰匪頒之式鄭司農云頒讀爲班布之班謂班瑞也攴部攽分也今通作頒蓋聲義皆从分

中部芔菌芔地蕈叢生田中案爾雅釋草菌芝郭注芝一歲三華瑞草菌芝二字疑即菌芔之譌芝菌同類芔與篆文茥形近玉篇作圈芔圈與圂形聲皆近景純好奇故有一歲三華之說

艸部薇菜也似藿案上文藿篆説解云尗之少也則薇亦豆類草蟲詩言采其薇正義引陸疏云山菜也莖葉皆似小豆蔓生其味亦如小豆藿可作羹亦可生食六書故引項安世曰今之野豌豆也莖葉華實皆似豌豆而小蕘可菹蜀人謂之小巢菜豌豆謂之大巢也據項説與許解陸疏正相發明藿與藿同雖豆葉之總名見廣雅而許云尗之少則專屬豌豆陸疏云小豆又云小豆藿其説同今吳俗呼蠶豆爲安豆而呼豌豆爲小安安豌聲近謂之小豌則又以蠶豆爲大豌矣豌豆莖葉結角與蠶豆無二但蠶豆大而扁豌豆小而圓微有藥氣野豌豆花葉實並同豌豆但莢小如眉又蔓生爲異野岸往往見之故爾雅有垂水之名其實不必近水也項説以豌豆爲大巢野豌豆爲小巢段

注引之刪去莖葉以下十三字小巢以下六字徑以野豌豆爲大巢菜非項意也義證於此注又引爾雅柱夫搖車郭注搖車蔓生細葉紫華可食今呼翹搖車爲證郝氏爾雅義疏亦以翹搖爲野豌豆非也案翹搖卽詩邛有旨苕之苕也正義引陸疏云苕苕饒也幽州人謂之翹饒花在莖首故謂之翹搖言其莖柔弱易動苕饒皆狀其花夏生莖如勞豆而細翹搖春生而云夏者或地南北異史記趙世家正義引作蔓似營豆而細葉似蒺藜而青其莖葉綠上已云葉似蒺藜而青此又云莖葉綠當有誤趙世家正義引作其華細綠色亦非也可生食味如小豆藿也味字依趙世家正義補今驗翹搖葉頗似豌豆色深綠而不作蔓花如荷甚麗有紅紫白三種紅紫多白者少故鄉人或謂之荷花草我鄉謂之饒搖其莖葉可鬻食亦可爲

菹子如蒺藜隔歲下種春初萌芽三月開作花夏初翻根和溝泥積之以培田此與野豌豆迥不同蘇文忠集詠元修菜引云菜之美者有吾鄉之巢其詩云彼美君家菜鋪田緑茸茸豆莢圓且小槐牙細而豐種之秋雨後擢秀繇霜中欲花而未萼一一如青蟲又云春盡苗葉老耕翻烟雨叢潤隨甘澤化暖作青泥融始終不我負力與糞壤同此正以翹搖爲巢菜巢與苕翹饒搖皆聲相近而不言其爲大巢小巢若野豌豆爲小巢則此爲大巢而與項說以豌豆爲大巢者又不合又野豌豆有蔓無莖而陸疏項說皆兼言莖葉翹搖無蔓而郭注云蔓生則亦混翹搖野豌豆爲一物矣

芌大葉實根駭人故謂之芌案方言于大也鄭注尙書大傳朱于同檀弓于則于疏亦訓廣大是于本有大義故凡从于聲之字如訏盱宇皆訓大笙之大者爲竽張目大視爲盱而詩君子攸芋毛傳亦訓爲大則芌之从亏固不必叚借吁嗟段注驚駭之義矣又芌从亏荂从夸疑皆兼象形

葑須從也段注葑須爲雙聲葑從爲疊韵案葑須非雙聲葢須從之誤

[illegible]艸木不生也一曰茅芽案玉篇[illegible]子習切茅芽也又草木生皃葢本許書此文不字當卽木字之譌衍義證謂埶當從埶卽經典藝字然丮部𡕒種也从坴丮持亟

種之詩曰我埶黍稷則經典藝字許書自作埶埶爲持種蓺爲草木生非一字也

斮斷也从斤𢇍艸折篆文斮从手案屮卽重屮中音徹古音與斮同部是會意兼諧聲也不入斤部而入艸部者義重在𢇍艸也折字段云唐後人妄增九經字樣云說文作斮隸書作折類篇集韻皆云隸從手則折非篆文明矣案段說是也折本古㡿字當在手部从手斤聲一見卷隸書省屮作扌非以爲从手後世以形近混爲折妄人遂移手部之折於艸部斮篆之下以爲重文而注云篆文斮試問斮字已是篆文其籀文則作斮从艸在仌中何得復有篆文乎然自此已後折字不復歸本部

音義皆失而凡从斷聲之字如逝誓哲晢諸字皆从折（諸字古音在祭部）幵其篆文而改之甚矣隸書之爲禍於篆也（玉篇艸部斷下注之列切斷也今作折又常列切而正文不出折字是希馮尙見許書元文其手部折下注士列切斷也又之舌切此孫强輩所增）

萑詩曰食鬱及萑案豳詩六月食鬱及薁七月亨葵及菽毛傳鬱棣屬薁蘡薁也鬱薁爲一類葵菽爲一類古人屬辭自有體又薁與菽古音同部爾雅萑乃山韭非鬱之倫六月非食韭之時萑菽異部不能相叶邢疏引以爲韓詩未可爲據楚金本無此六字蓋鼎臣所增

蘬薺實也案爾雅紅蘢古其大者蘬注云俗呼紅草爲龍鼓語轉耳（今俗又轉爲龍骨）又蒫薺實注云薺子味甘玉篇

蘬大龍古也蘵薺實也廣韻六脂蘬蘢古大者曰蘬上聲五旨同八微蘬馬蔘似蔘而大也陶注本草同又六脂蘵薺實也七歌同蘬非薺實薺實是蘵顯而易見蓋釋草此二文相連許書蘬蘵二篆亦相連而傳本蘬下失說解又失蘵篆遂以蘵下說解系之蘬篆自二徐時已誤楚金固疑之矣郝疏謂許氏所見本異蓋謂今本說文必無脫誤耳

八部余語之舒也案爾雅釋詁余身也邢疏引舍人曰余謙卑之身也孫炎曰余舒遲之身也此二義正與我篆解施身自謂相對佴余者氣舒而下佴我者氣急而倨予與余同鄭注覲禮云余子古今字故舒字从予

牛部牛大牲也牛件也件事理也嚴據集韻韻會尤韵侔字皆云侔或作件謂件當作侔案如此則與羊祥也馬怒也武也一例段删大牲以下七字改爲事也理也固可通不如嚴說之允人部侔齊等也牛畜之大者郊特牲春秋屢書郊牛禮之大者民以食爲天牛資農耕事之大者凡事理皆先其大者而後以次差等之故云侔事理也侔字从牟牟牛鳴也亦以義兼聲

犅牛白脊也案犡犅皆牛白脊又同部聲近疑本一字廣韻云出字林則是後人竄入許書

牢閑養牛馬圈也从牛冬省取其四周帀也段云从古文冬省也冬取完固之意類篇引作从舟省桂云案周

正作舟舟本从从舟則作从从舟省是案云取其四周帀則从冬無義考工記作舟以行水注云故書舟作周蓋舟周古或相借桂說是

物萬物也牛爲大物天地之數起於牽牛案物猶事也部首釋牛字云件事理也則物字从牛之義可知乃云數起牽牛反爲迂曲玉篇云凡生天地之閒皆謂物也事也類也疑本許氏元文

告部告牛觸人角箸橫木所以告人也从口从牛易曰僮牛之告段云牛口未見告義字形無木告義未縣案从口从牛者用牛以告天也論語曰敢用玄牡敢昭告於皇皇上帝此乃告字本義僮牛者郊特牲記祭天用

犢是也若角箸橫木則其字當作梏魯頌所謂楅衡毛傳云設牛角以楅之者也古人或叚借告字爲之此說解疑有脫文遂以叚借之義爲本義宜來段氏之糾至淺人習聞告天之說又以告字本義移之梏字因復撰爲梏以告地謬埘許書周禮音義不察而采之段氏又不察而據以補說解此爲治絲而棼之矣

嚳急告之甚也段注元應說嚳與酷音義皆同案風俗通引尚書大傳云嚳者考也成也言其考明法度醋美嚳然若酒之芬香也嚳考雙聲同部當有所本芬香義亦與酷近疑元應說出此

口部名自命也从口从夕夕者冥也冥不相見故以口

自名案下文命使也从口从令卩部令發號也从亼卩玉篇名號也名命令更相爲義竊謂名字本从口从令省亦聲从令省者从卩也卩者信也从口从卩者所謂名之必可言言之必可行也篆文卩與夕形豪釐之誤坿會爲夕冥其說甚陋蓋後人所妄竄非許書也

台說也案漢書王莽傳書曰舜讓于德不台後書班固傳注文選典引注引同史記五帝紀作舜讓於德不懌段注說文引作不台懌衍台字集解徐廣曰今文尙書作不怡怡懌也索隱云古文作不嗣今文作不怡怡卽懌也段氏尙書撰異據史記自序虞舜不台又曰諸呂不台謂今文尙書本作不台太史公以故訓之字更之作不懌案許此

文訓台爲說心部怡訓和也字義微異後人混之不台不說也不說者猶言無喜色也段謂不爲百姓所說則不台上須加民字且與上下文不合

吝悢惜也从口文聲易曰以往吝段云此字蓋从口文會意非文聲案从口文蓋取文過之義玉篇引論語改過不吝（文見晚出古文仲虺之誥論語無此句疑因子張篇小人之過也必文而誤憶）凡吝於改過者必文飾之也辵部遴篆下亦引易曰以往遴則字又作遴遴難行也廣雅遴澀也漢書王莽傳性實嗇遴澀嗇與難行義相因遴聲在眞部文聲在諄部故段云文非聲

步部歲木星也越歷二十八宿宣偏陰陽十二月一次

从步戌聲律秝書名五星爲五步案文當云从步戌亦聲蓋會意兼形聲也步秝者察中星以定四時必於初昏又察歲星與日同次之月斗所建之辰以定大歲亦於初昏初昏者日加戌歲星同次則亦加戌故字從戌許云越歷二十八宿宣偏陰陽十二月一次言簡義明諸家紛紛泛引皆失其恉又許意專主木星律秝九字疑後人妄增

此部呰窳也闕案呰窳連語說解窳上疑脫呰字非以窳釋呰也闕者闕其从吅之義義證說同與不入吅部而入此部之故蓋傳本爛脫後人不敢以意補故注闕字以存疑段謂窳也二字許說亾後後人所補未然

齒部齔毀齒也男八月生齒八歲而齔女七月生齒七歲而齔从齒从匕段謂其字从匕匕變也古音如貨據大戴記本命篇陰以陽化陽以陰變故男八女七引元應書十一舊音羌貴切古讀如槩案段說是也匕古化字化毀聲之轉詩七月流火火與葦韵今吳言毀齒之毀如旭倨切亦其轉音猶呼幃如于呼貴如倨也淺人不悟齔字之从匕乃坿會說解七歲而齔之文改篆文从七豈齔齒專屬女子邪玉篇齔叉謹初靳二切蓋所見本已誤元應書五叉引舊音作差貴切則羌差形近而譌

齞口張齒見从齒只聲玉篇引與今本同文選登徒子好色賦注及韻會引作張口見齒未知孰為元文徐音

研繭切與只聲不合蓋本作从口从八會意非从只聲篇韻竝有齴字音魚蹇切釋云齒露疑卽齞之異文而彼从彥聲與研繭切合矣

牙部牙牡齒也各本及篇韻皆同牙門牙也其形單故云牡齒亦云奇牙齒在兩邊其形中陷故古文作𤘗象形凡幼時生齒先生門牙故萌芽字从牙牙旗牙門之類蓋亦取其當門之義𤘽篆解云虎牙也段注今俗謂門齒爲虎牙引大招淮南奇牙之文爲證是矣於此文乃因石刻九經字樣誤牡爲壯反據之以詆各本作牡之非辟矣牙與齒對文則異散文則通惟隱元年左氏傳皮革齒牙疏云頷上大齒謂之牙此孔氏之誤

谷部谷口上阿也案上阿謂穹然而在上猶屋棟之下謂之阿也今謂上阿爲上腭

古部古从十口識前言者也段云識前言者口也至於十則展轉因襲是爲自古在昔矣案說解簡奥段乃從爲之辭竊謂古从一所謂惟初太始道立於一也从丨上下通也从口傳說之也此三義非臆說仍許氏文也

十部十數之具也一爲東西丨爲南北則四方中央備矣案一爲以下不類許書疑後人所增竊謂十从一者數之始从丨所以貫之所謂九變復貫

言部誾和說而諍也案論語鄉黨篇孔注誾誾中正皃也和說而諍卽無犯無隱之意故曰中正从門會意从

言省亦聲非从門聲也

諫餔旋促也蔛詮云言日至餔而旋促之此促速字案諫字廣雅云督促也玉篇云從也廣韻云飾也從與旋促近飾與餔近疑篇韻皆有譌脫辵部速古文作警與諫義近錢說似是然則伐木詩以速諸父之速宜從此

菽部菽同也从廿廾段云廿二十幷也二十人皆竦手是爲同也案菽字古文作𦭝蓋取重奴之義恭敬之恭襲給之襲竝从共疑篆文本作𦯝上廿省筆作廿古文上𠂇蓋亦不連書家變通之避複沓目二十人之說近鑿

晨部晨早昧爽也从臼从辰辰時也辰亦聲丮夕爲夙臼辰爲晨皆同意案上臼篆說解云叉手也从𠂤彐嚴云

當作爪爪从臼者謂將起而操作𦥑亦古文爲字晨乃昧爽當將旦之時段引左傳僖五年正義解說文謂夜將旦鷄鳴時也非辰時也爾雅釋天大辰房星也大火謂之大辰周語農祥晨正韋注云農祥房星晨正謂立春之日晨正於午也農事之候故曰農祥也天將明農早作此晨字从臼从辰之義亦卽農字从晨之義說解辰時也三字及丮夕十一字疑後人增

革

革部革獸皮治去其毛革更之象古文革之形𩏁古文革从三十三十年爲一世而道更也案革字有二義一爲革疾一爲皮革古文廿正象鳥振翅疾飛十蓋从卂省卂部卂鳥飛也詩斯干如鳥斯革傳革翼也六月織

文鳥章傳錯革鳥爲章也春官司常鳥隼爲旟爾雅釋天錯革鳥爲旟邢疏引孫炎云革急也畫急疾之鳥於縿也又引鄭志荅張逸亦云畫急疾之鳥隼於部旟下亦云錯革鳥於上隼正急疾之鳥疑古文革疾之革祇作ヤ其从𦥑（形近臼）則爲以手去毛會意而借ヤ爲獸皮之象形是爲皮革之革篆文省臼爲臼又從而連之作臼爲今革字其又引申爲更革之革者說解云獸皮治去其毛革更之蓋皮以毛爲用今去其毛而別爲用是爲更革也許於篆文就文爲解不及革疾之義而於古文以三十解廿則从𦥑又何說邪（羽部䩮翅也如鳥斯革韓詩作䩮蓋後起之字）

鬲部鬳三足鍑也案此卽采蘋詩維錡及釜之錡彼釋文云錡三足釜也方言鍑江淮陳楚之閒謂之錡注云錡三腳釜也知鬳卽錡之異文支奇同部

鬥部鬩恆訟也詩曰兄弟鬩于牆案鬩謂嫌隙之微者若小兒相鬥故从兒會意許云恆訟者猶言常有之事也

又部叜老也从又从灾闕案許列叜字於父字之下當是从父非从又以不立父部故以類坿此玉篇別立父部而叜字仍在又部蓋所見本許書已誤其篆宜作𡨧从灾之義不可攷矣姑以意說之宀者交覆突屋老者所安居也耳部耿字解云耳箸頰也蓋以火象人頰魚字燕字从火象其尾非取火義鼠字从臼象其首非取

曰義它可類推疑此亦象年老頰垂从父者家所尊也韻會引有灾者衰惡也五字此妄人所增元應從爲之辭其義鄙矣

叚重文叚譚長說如此案叚玉篇作叚疑傳寫誤華山廟碑書假作徦孔羨碑作假景北海碑陰書瑕作瑕韓勑兩側題名作瑕孔羨碑假作假景君銘作假孔宙碑書椵作椵皆可與譚長說相證又漢書王子侯表虖葭康侯澤地理志琅邪郡屬作雩叚師古音工下反史記作雩殷亦與叚形近而譌是叚字固有从𠂤从叚者惟从殳則乃誤字耳

𠬪古文習案易兌大象傳君子以朋友講習蓋志同術

行同方故从習从一一者道也其所習也

支部𡭔去竹之枝也从手持半竹案去竹之枝不可解竹部箇竹枚也六書故引唐本今或作个半竹也段注據補重文个篆引大射士虞禮特牲饋食禮注皆云个猶枚也爲證然則此解去當作个枝當作枚文宜云个半竹之枚也从手持半竹

攲持去也案竹部箸飯攲也是攲即今飯箸通俗文云以箸取物曰攲則轉實義爲虛義猶以漆箸物即曰漆也攲音去奇切今俗呼箸曰快即其轉聲持去之義不可解去疑夾字之誤曲禮羹之有菜者用梜其無菜者不用梜鄭注梜猶箸也今人或謂箸爲梜提釋文云梜

字林作筴云箸也是箸又名梜或作筴古或借夾字爲之形近譌爲去也以持夾訓敧猶以以箸取物訓敧也玉篇云敧今作不正之攲蓋攲音丘知切與敧形聲俱近而譌此語蓋後人所增非希馮本文

聿部𦘔聿飾也从聿从彡俗謂以書好爲𦘔案从彡者文飾之意此津潤及談論津津之津隸書變彡爲氵孔龢碑書須作湏今俗多從之是其證遂混爲津津渡字津渡字本作津津行而津廢矣

殳部殿擊聲也桂云擊聲者所謂呼殿案秋官朝士帥其屬而以鞭呼蓋卽鳴鞭肅衆之意許以擊聲訓殿而今以爲宮殿字蓋叚借也宮殿字疑本作壂廣雅堂堭壂也玉篇壂堂也廣韻壂堂基漢碑多有書殿作壂者

然頗雜出史記漢書皆作殿則久假不歸矣許書土部𡎺有壂字而今失之校議據御覽百七十五引說文殿堂之高大者也又土部堂字木部柧字广部廣字解皆有殿字謂殿篆下當有一曰云云案御覽所引未定是許氏元文至說解容有通用字未可爲據

寸部將帥也从寸牆省聲案手部有捋字从手爿聲訓扶也此變手从寽寽卽肘字肘卽手也將字𡎺爲捋之重文至牆字當爲从酉从將省聲今云將字从牆省聲未敢信從

皮部皮剝取獸革者謂之皮从又爲省聲案尸象皮裂之形从又會意篆無爲字形爲省聲三字疑衍

敎部敎上所施下所效也从攴孝案敎从攴書所謂扑

作敎荆也段注攴字云攴經典隸變作扑

用部用可施行也从卜中案中字从口無作𠂢者疑本从丰丰今才字木之始生也亦通作材材所以用也从八象材旁達之形从卜者旁求之義才者人之用卜者用人之才又用與由聲轉義通今說文佚由字而有甹甹卽甹不之甹艸木萌芽之義與才字義近玉篇由字在用部詩大小戴記左傳論語孟子荀子呂覽淮南楚詞諸注及廣雅小爾雅皆云由用也是由與用同義疑用卽由之倒文甬卽甹之倒甹未出地甬已出地可爲用也然則从卜之說亦贅衍

甫男子之美偁也从用父案甫从父有長義惟有才者可以長人亦惟長人者能施用也故冠而字則偁甫爲

成人之始也

鼻部鼻引氣自畀也从自畀案畀必至切疑从自畀下脫亦聲二字

羽部翕起也段云翕从合者鳥將起必斂翼也案詩翕河喬嶽箋翕引也又載翕其舌箋翕猶引也引與起義相近子虛賦翕呷萃蔡漢書注引張揖云翕呷衣張起也論語翕如也鄭注變動之貌皆與許義相發明

隹部雊雄雉鳴也案許於雊篆訓雄雉鳴於鷕訓雌雉鳴證之小雅之朝雊邶風之有鷕碻無疑義與毛傳亦合鄭注月令雊雉鳴也雖統言之然下引詩云雉之朝雊尙求其雌則亦明以雊爲雄雉鳴潘岳賦雉鷕鷕而

朝雊浮薄之士不足與論訓詁且安知非兼言其雌雄相應段反據之以爲鷕雊無分雌雄而譏毛公爲望文生義是其信毛許不如其信潘岳也

䧹鳥也从隹瘖省聲或从人人亦聲案人聲瘖聲皆後世方音眞侵蒸不分而附會之蓋許氏元文佚矣月令季冬之月征鳥厲疾注云征鳥題肩也齊人謂之擊征或名曰鷹疑䧹字本从疾省疾者取其疾速亦革鳥之意疾有二義說見後爿狀其疾飛也倠从雁省雁體大而飛高鷹似之此會意非諧聲

雁鳥也从隹从人厂聲案从人从厂疑皆象其飛之行列

𦍌部乖戾也从𦍌八案乖者羊以角相抵也篆當作乖从𦍌从北北部北乖也葢北卽古背字段以爲从兆非也玉篇正作乖

羊部羔羊子也从羊照省聲義證云照省聲者後人亂之當云从火月令注羊火畜也周禮羊人屬夏官案天官庖人注亦云羊屬司馬火也又儀禮少牢饋食禮注引尚書傳曰羊屬火桂說信矣獨施之於羊子者夏小正傳曰夏有煮祭祭也者用羔或曰從宴貟𦵔之例从火象其跪乳

𠬪部𣪠進取也从𠬪古聲㲉籀文𣪠案古聲太遠籀文从殳从彐从冃𡕊風伯也埶殳爲王前驅許書殳篆下

亦云旅賁以前驅彐者爪之變文爪部爪亦覓也曰者冒之省冃部冐冡取也最犯而取也皆从冃與進取義合乃會意字篆文从𠬪从冐小變之漢隸無从古者古聲之說蓋許書失眞後人竄改古文設疑亦後人所增

肉部肖骨肉相似也从肉小聲不似其先故曰不肖也此上九字疑後人所增案肖从小者謂具體而微也以義兼聲

肎骨閒肉肎肎箸也从肉从咼省一曰骨無肉也案篆文徒作冂孰知其爲从咼者華山亭碑綏民校尉熊君碑竝作肎韻會云肎一作肎其所本也葢字本从肉从骨省書家又省作肎失其意轉賴隸書正之

刀部㓞銛也从刀和然後利从和省易曰利者義之和

也案刀者所以割禾利人者莫如禾割禾非以自私同之於人天下之大利故曰和然後利蓋未有不和而能利者也文言曰利物足以和義利物者不自私而公之人者也和則兩得之不和則兩失之繫辭曰二人同心其利斷金左傳曰師克在和其和也其義也卽其利也反是則爲害矣

剝裂也从刀从彔彔刻割也案刻割與剝義相因而微有別昭十二年左傳君命剝圭以爲鏚柲此正用刻割義杜注以破字代剝字是但用裂義未洽豳風剝棗毛傳剝擊也蓋謂剝棗者擊其樹此因事爲文非以擊訓剝不然則剝瓜又可云擊乎蓋剝有盡取之義見孔氏顨軒大

戴記補注剝瓜剝棗皆盡取之故繫辭傳曰物不可以終盡裂繒餘也疑傳寫譌誤義證云當作列是也列分解也

制裁也从刀从未未物成有滋味可裁斷一曰止也㓞古文利如此案未篆說解云味也六月滋味也語亦當有脫文此是一義又云五行木老於未象木重枝葉也此又一義此文云可裁斷但當用木老重枝葉之義若物成有滋味不可云裁斷疑是許書从未下可裁斷上有爛文而後人妄補之也抑又有疑焉本書未篆下無它重文卽从未聲諸篆下亦無左旁作[illegible]之古文漢碑隸書未字無作制者其書制字或作制或作制或作制或作制亦無作利者玉篇無利字但作制又出古文制是利字

之在許書倘可疑而說解从未之云亦未定其不誤也玉篇所出古文制左旁从上市莫攷其義以此文一曰止也推之疑本作㫗从止从帀止者有所止也帀者匝也制法度者玉篇訓法度也周詳審慎使必止於是而無過不及是爲制也从刀所以斷之然則此古文㓡左旁疑亦从止从帀又多彡者蓋文飾之

罰䇂之小者从刀詈未以刀有所賊但持刀罵詈則應罰案此字疑从网从言从刀网者法网也言字从䇂䇂亦辠也非取罵詈之義刀者刀布非刀刃之刀呂刑五刑不簡正于五罰又云墨辟疑赦其罰百鍰劓辟疑赦其罰惟倍剕辟疑赦其罰倍差宮辟疑赦其罰六百鍰

大辟疑赦其罰千鍰是也並入网部而今入刀部乃爲持刀罵詈之説果許書本文邪

角部角獸角也象形角與刀魚相似案角魚竝从刀角象肉角負象魚頭各肖其形而頗相似當云角與魚相似然疑非許氏元文乃後人所增今又衍一刀字豈魚字專屬刀魚邪

𧢴角長皃从角爿聲讀若粗𧢴段云𧢴字衍案疑當作讀若麤粗古音魚模與陽唐每相出入如駔讀如奘迎讀如御莽有姥音亾有無音之類从爿聲而讀若粗亦其例也又凡从爿之字多有長大義如壯將牂諸字是也引申之爲粗

竹部筭長六寸所以計秝數者从竹弄言常弄乃不誤也案竹其物也廾其事也从王者天地人三才丨上下通也續漢律秝志云古之人論數也曰物生而後有象象而後有滋滋而後有數然則天地初形人物既著則筭數之事生矣此可證筭字从王之義非从弄也常弄之說恐又後人所增

算數也从竹具案从竹从廾與筭同从目卽數目也云从具亦未然

靑部靑東方色也木生火从生丹丹靑之信言必然案靑者靑石也从生取東方生氣之義亦兼聲靑石而从丹者段氏所謂靑丹白丹黑丹皆曰丹也說見丹部臒字下

靜審也从青爭聲案靜字从爭以相反爲義靜則不爭矣商頌鬷假無言時靡有爭箋以爲心平性和此靜之義也許訓審也玉篇同玉篇訓謀也悉也廣韻訓安也謀也和也息也皆由靜而引申之所謂靜而后能安安而后能慮也靜字古書每與靖通用許書立部靖立竫也竫亭安也義亦近

丼部刱罰辠也从丼从刀易曰丼法也丼亦聲案丼字古借爲阱字見卷一从丼从刀謂人自陷於刑也

㫗部𪏽長味也从㫗鹹省聲詩曰實覃實吁案此篆疑經後人改竄許書當作𪏽从𠧪㫗𠧪亦聲𠧪部𠧪艸木實垂𠧪𠧪然讀若調从𠧪之義正與長味協棪下突下

鍇本竝云讀若三年導服之導導从道聲道从首聲調从周聲同部聲近篆文譌卣爲㡀而俗人狃於後世音讀遂有从鹹省聲之說士虞記注古文禫爲導蓋禫導一聲之轉木部桏樱椐木也案椐下云樻也爾雅椐樻郭注云腫節可以爲杖大雅其檉其椐毛傳椐樻也釋文引陸疏云節中腫似扶老卽今靈壽是也北山經虢山其下多桐椐注云椐樻木腫節中杖又中次十二龜山其上多扶竹注云邛竹也高節實中中杖名之扶老竹然則桏也樱也椐也樻也扶老也邛竹也實一物而其種稍異耳桏樱聲相近椐樻聲之轉扶老之名以其中杖也在竹木之閒故亦謂之竹邛者其所出之地遂又造爲邛

字或本名邛竹地以木名不可得而攷矣

㯉木也从木虖聲案下樗篆云木也以其皮裹松脂（疑脫）（可爲燭三字）从木雩聲重文檴葢㯉樗二字互誤此㯉字當爲樗从木雩聲下樗字當爲㯉从木虖聲（段本已改正）㯉檴聲之轉又轉爲華俗作樺（見段注）樗㯉形近而譌史記秦本紀樗里疾譌爲㯉里疾是也玉篇以㯉爲惡木而於檴下出重文樗云同上則所見本說文已誤

檈檈味稔棗案四字文見爾雅檈作還稔作棯郭注云還味短味釋文云還字林作檈是陸所見本說文無檈字據郭注以短味釋還味則還非木名不得加木作檈後人依字林補許書百大廣益會玉篇於檈字注檈味

稔棗於稔稔字注爾雅曰還味稔棗略無辨別蓋皆非希馮元本　又案還無短義郭注未必然文選吳都賦丹橘餘甘注引薛瑩異物志曰餘甘如梅李核有刺初食之味苦後口中更甘疑所謂還味者當如此說文無稔字則作稔爲是

榆白枌案此以枌之白者爲榆也詩東門之枌毛傳云枌白榆也則是以榆之白者爲枌毛許異義爾雅榆白枌乃於白字斷句義與毛同詩疏引孫炎曰或以榆爲白枌者誤也蓋卽指許書段注依爾雅以榆白連文以合毛傳許書無此文法且如段說則當解於枌篆下云白榆也此非許義當兩存之篇韻皆云榆白枌也枌白

榆也葢亦首施於毛許閒史記封禪書集解亦引張晏曰枌白榆也枲酸果也从木甘闕案枲既酸果何以从甘言部謀字古文从母以此推之疑古枲字本从母作楳或作栂古音母讀如每栂與楳梅之梅形聲竝近故後人或以梅當栂而楳又以形近譌爲枲

根木株也从木艮聲案說卦艮爲足艮止也止古趾字根从艮似非徒取諧聲

本木下曰本从木一在其下末木上曰末从木一在其上案一在上爲上在下爲下本末字皆从一會意何嫌何疑六書故引唐本本字从丅末字从丄未可信段氏从之徑改篆文作𣎵作𣎳殆於不可

梃一枚也段注今俗或名枚曰個音相近案枚榦也案枚與個音絕遠何得云相近蓋音相近三字當在榦也下謂榦個聲相轉也古元歌二部每相出入義證據小爾雅杖謂之梃孟子殺人以梃與刃趙注梃杖也謂一枚也當作杖也案許書杈篆以下十五文皆類列木之枝榦皮葉之名不當以梃梃杖字襍廁其閒汝濆詩毛傳云枝曰條榦曰枚枚篆解云榦也而廣雅云枚條也蓋條與榦散文則通條有直義梃亦有直義以枚訓梃猶以條訓梃也取其梃直以爲杖因亦謂之梃此又引申之義桂說似未得許意一字則疑衍

材木梃也案此亦謂木之梃直非梃杖之梃可知梃篆下說解枚字非杖之誤

⿰木卻角械也从木卻聲一曰木下白也案此六字疑當在上文杳篆下彼解云冥也从日在木下古从日从白之

字每互見白卽日光也見卷三 玉篇柳甬械也一曰木也集韻亦云一曰木名然其引說文則與今本同

檽栭閈子也案文選遊天台山賦注檽窗閈子也又江文通雜體詩注檽窗閈孔也是子卽孔

梱門橛也从木困聲案梱閫異物古書或相亂玉篇梱門橛也閫門限也廣韻梱樴弋門橛閫門限也截然不同士冠禮布席于門中闑西閾外鄭注閾門閫此閫爲門限不誤曲禮外言不入於梱內言不出於梱注梱門限也此梱乃閫之誤史記循吏列傳楚王惡楚俗庳車孫叔敖使高其梱其爲門限可知此梱亦當作閫張釋之馮唐列傳閫以內者寡人制之閫以外者將軍制之

索隱云此郭門之梱也漢書閫作闑韋昭曰門中橛爲闑許書無閫字但有梱字閾字　又誤梱爲閫

柤木閑从木且聲側加切獨山莫君友芝得唐寫本說文木部殘卷起柤止桊中頗有勝今本者今坿箸之此切下彼多莊余一切案集韻九魚有此音

槍唐寫本此篆次櫪櫪後與玉篇合

楗限門也段依文選南都賦注引及老子釋文改爲歫門也與唐本合此後唐寫本並省偁唐本

柵編樹木也从木从冊冊亦聲樹字段依篇韻改豎與唐本及元應書十四引合楚金本及韻會引皆無亦字案柵正象編豎木之形故云亦聲段刪之非也唐本作

从刪省聲莫君據唐韻集韻栅有所晏切一音又舉珊字从刪省聲所晏切爲證則亦可通

杝落也从木也聲讀若他池爾切唐本作讀若池力支切案他字誤作池是也段依趙凡夫鈔本作阤則與池爾切合力支切與離音合

楃木帳也从木屋聲唐本作屋亦聲案此說文帷幄字天官幕人注四合象宮室曰幄釋名幄屋也以帛依板施之形如屋也从屋乃義兼聲故云亦聲二徐刪亦字非是周本紀有火自上復于下至于王屋此借屋爲幄字

杠牀前橫木也唐本無木字與篇韻合

桱唐本次檷篆後

牀安身之坐者唐本作安身之坐也小徐坐上衍几字文不成義段注強爲之説玉篇牀部作身所安也初學記御覽引作身之安也皆無几字

枕臥所薦首者玉篇作臥頭所薦也唐本作臥頭薦也葢脱所字

櫝又曰大梡也大梡楚金本作木枕唐本同莫君據玉篇櫝又小棺也左傳公將爲之櫝釋文櫝棺也本書槥棺櫝也漢書高紀爲槥應劭曰小棺也今謂之櫝楊王孫傳注櫝小棺也謂大梡乃小棺之誤案廣韻櫝函也又曰小棺正與玉篇合棺梡聲近而誤再譌爲枕又誤小爲大莫説是

梳理髮也唐本作理髮者是

㭘胡甲切唐本江洽切

梠一曰徙土輂齊人語也唐本作齊語讀若駭莫君云方言臿東齊謂之梩郭音駭蓋本說文

榰耒耑也唐本作耒耑木也與齊民要術引合玉篇亦同枱非耒耑今本蓋脫木字

椴種樓也一曰燒麥柃椴从木役聲與辟切唐本下卦胡狊二切案玉篇椴胡的切又胡革切集韻入聲二十一麥下革切二十二昔營隻切又荊狄切竝有椴字又去聲十五卦胡卦切與唐本合廣韻無椴字惟二十一麥下革切有炈字注云燒麥炈蓋卽椴字之誤燒麥下當

有脫文玉篇燬陶竈囪說文作㷂無燒麥義

椧木也唐本無此篆案許訓木也則椧椴其又一義不當廁此玉篇列桔柞二文閒云木名可染段引上林賦張揖注樧似椧疑許書本與木類同列後人因椧椴之文而移椴就椧惜唐本前半卷已缺不可攷矣

枷楴也从木加聲古牙切唐本工亞切一音加案工亞切則為榹枷之枷廣韻去聲四十禡作架云亦作枷禮記曰不同榹枷二徐本葢失一音

楢木參交以枝炊籅者也从木省聲讀若驪駕所綆切集韻去聲四十禡居迓切收楢字云木參交以枝炊籅者李舟說案此是讀楢如駕也省聲與駕絕遠若省有

駕音則古音無據甚矣葢李舟之誤而波及集韻也竊疑此讀若驪駕四字當是柳篆下說解正與唐本工亞切合錯簡在此遂僅存古牙切一音矣抑又審之玉篇木部杫梢樅三字同思漬切訓肉几也集韻去聲五寘出此三字與玉篇同（廣韻但出杫字訓同）然則此三字同音同義以大徐音攷之躧⿰革麗釃皆所綺切灑山豉切曬所智切音皆相近疑驪駕之驪古或讀如躧許讀梢如驪非讀梢如駕也段氏以爲省聲麗聲清支二部合韻此又無以處杫樅二字葢古从麗之字多或从徙（如躧⿰革麗或作蹝纚或作縰籭或作簁之類）乃一聲之轉非合韻也廣韻集韻上聲四十靜思井切仍收梢字此則从省本音

櫝匵也唐本作一匵也案匚部匵小櫝也疑此當作大匵也互文爾大字壞爲一後人以其不可通而删之

匧籒文櫝唐本匧作匵與楚金本合韻會引同

科勺也从木从斗唐本斗下有聲字與楚金本合韻會引同

杓科柄也从木从勺唐本勺下有聲字與楚金本合韻會引同

櫑龜目酒尊刻木作雲雷象施不窮也从木畾聲唐本作刻木爲雲靁象施不窮从木畾畾亦聲楚金本有亦字廣韻引此文雲雷下有之字

椭徒果切唐本他果切與廣韻合楚金禿頰切同

椴椎之橫者也關西謂之㮣唐本椴作檝說解㮣字亦

作欞案榎卽椶字之譌椶方言廣雅竝作槉唐本似合然許書自有櫞篆與此椶字迥別椶次槌持二文後以類相連唐本失櫞篆而欞次檕後葢誤合二字爲一櫎所以几器从木廣聲一曰帷屛風之屬唐本几器下帷下竝有也字玉篇作所以支器一曰帷櫎屛風之屬案几支聲義竝近帷櫎卽帷幌疑今本說解脫櫎字唐本櫎誤爲也

㯻舉𩛥者段本以意增所以二字唐本作舉𩛥者也則所以字不必增

欄唐本缺

機唐本缺

杼機之持緯者从木子聲大東詩正義引作機持緯者也唐本及元應書十五十七引竝同案榺篆云機持經者榎篆云機持繒者疑此篆亦止作機持緯者段本刪之字也字乃引書人所增杼即後世梭字大東釋文引說文作杼盛緯器亦作桫見玉篇疑古讀杼如舒方音流轉魚模之字往往變入歌麻也如車華牙遮之類唐本說解末有一曰柧削木五字柧疑桭字之譌集韻去聲四十禡桭下引廣雅桭謂之榺今本廣雅脫誤作桫謂之榺辨見疏證疑當是榺篆下錯簡在此而削木下尚有脫文

榎機持繒者从木夏聲扶富切唐本篆作榎者下有也字父又切即扶父切又音復案榎淮南子氾論訓及王逸機

賦竝假借複字集韻複房六切機持繒者榼卽用許書文玉篇木部亦用許文而刊本譌繒爲繪段注謂繪爲會字之譌引季敬姜語持交之梱以爲證不知廣韻此注云織複卷繒者榼繒是帛之總名謂已織過者亦用軸卷之以漸而成匹王叔師賦勝複回轉榼持經持繒皆用軸（大東詩作柚）以便展卷故云回轉其義顯然若季敬姜所謂持交不失出入不絕者乃廣雅所云經梳謂之杓也疏證備矣

核狀如籔尊从木亥聲古哀切唐本工才工亥二切楚金本籔尊下多之形也三字案上云狀則下不必言形疑衍唐本亦無此三字（集韻平聲十六咍同）

棧棚也竹木之車曰棧玉篇引作一曰竹木之車曰棧詩曰有棧之車案棧車別是一義當如玉篇集韻上聲二十六產引與今本同唐本棧次梐篆後非

椯一曰椯度也一曰剟也兜果切唐本作一曰椯度高下一曰剟多果初委二切

橜唐本作橛

樴之弋切唐本多又特切與集韻逸職切一音同

柭棓也唐本此篆次前櫓篆後案集韻入聲八勿柫柭連文引說文擊禾連枷也類篇柭字下同莫君據此疑此文當有一曰擊禾連枷也七字故與杷椴爲類二徐失之故移就棓次竊以此莫君回護唐本過也許書例以弟一

義類次果有一曰七字則爲别一義亦當依今本之次且檣杷椵柃柫枷六篆相次柭當次柫枷二篆閒柫下既云擊禾連枷也則柭下止當依枷例云柫也一曰棓也不必復出擊禾字亦不當錯出檣後然則唐本誤寫爾又案方言僉自關而西謂之棓或謂之柫齊楚江淮之閒謂之柍或謂之桲（集韻類篇桲下亦引之）蓋連枷系於棓上故亦謂之棓棓柫桲柭聲近相轉疑桲卽柭之重文因柭篆不與柫枷相次故又出擊禾連枷也五字而唐本今本皆佚之矣

椎唐本誤作榫

棿木杖也唐本棿次棓篆後與段本所移合木作大與

韻會及元應書十六引合

尿篗柄也从木尸聲女履切唐本丑利切與楚金敕稚切同叉柅尿或从木尼聲唐本作尿或从尼案竹部篗收絲者也从竹蒦聲今俗省作篗各本皆如此廣雅玉篇竝同廣韻六至作籆更誤重文柅玉篇作杘

栝㯤也从木昏聲一曰矢栝築弦處唐本㯤作隱云一曰矢頭也案釋名矢其末曰栝栝會也與弦會也云矢栝築弦處者築擣也儀禮既夕記注云築實其中堅之金縢釋文云築謂築其根蓋張弓引滿矢頭抵弓背之一點其根箸弦處如築之也唐本疑脫誤

棊博棊唐本作簙棊也案博當作簙唐本誤从丬旁然

可見是傳之譌

槽畜獸之食器唐本作獸食器也案畜字衍獸當爲嘼卽畜字集韻六豪財勞切引作畜之食器而影宋本畜下又衍獸字

桶木方受六升唐本作木方器也受十六升段疑當作方斛受六斗義證及廣雅疏證引竝作木方受六斗案月令仲春之月角斗甬鄭注甬今斛也呂氏春秋淮南子甬竝作桶廣雅云方斛謂之桶是桶卽斛甬其假借字斛十斗而云六升字形相近而譌唐本十字不誤而仍衍六字

樂象鼓鞞木虡也段云鞞當作鼙案爾雅釋文引作象

鼓鞞之形木其廣也鞞字亦誤唐本與釋文同鞞作鼙

符段說

枹擊鼓杖也唐本杖作柄與文選曲水詩序注元應書三四十八引合

椌柷樂也唐本作柷樂器也次樂篆後葢誤寫

柷樂木空也所以止音爲節韻會引楚金本作樂也木音工用柷聲音爲享唐本作樂木椌也工用柷止音爲節段氏桂氏竝據有聲傳謂空當作椌與唐本合楚金本雖有誤字而工用柷三字與唐本同皆與風俗通引樂記合疑是許書元文鼎臣見楚金本聲亂故以意改之案爾雅云所以鼓柷謂之止郭注止者其椎柷自以止爲義

而白虎通云柷始也敔終也故段氏欲改所以止音爲以止作音竊意今俗樂發音小頓起板有頭板底板中又有贅板古用柷亦如此臯陶謨曰合止柷敔合者合人聲與樂聲也止者其節也一篇有一篇之節一章有一章之節一句有一句之節乃至曼聲則一字有一字之節節者合終始而言之也白虎通引又一說云笙柷鼓簫琴塤鐘磬柷在東北方東北方艮位萬物之所成終而成始是止卽作也無煩改字此文當以唐本爲正

槧自剡切唐本自斂才冉才敢三切

檄二尺書玉篇廣韻集韻類篇史記索隱元應書十引竝同唐本亦同惟檄作檕後書光武紀注引作尺二寸

其文亦異韻會所據楚金本亦作尺二寸疑卽依章懷改也

槷車歷錄束文也唐本爻作交毛本亦刓改交與集韻類篇韻譜同嚴據小戎疏兩言文章歷錄是孔沖遠所見本作文是也

极驢上負也从木及聲或讀若急案但云驢上負不辭篇韻竝云驢上負版疑此也字當作版字之誤也极急皆从及聲或字疑衍唐本無

椃大車梔唐本作大車軛也與玉篇合

楇盛膏器从木咼聲讀若過案玉篇楇車缸盛膏者又車部輠車盛膏器亦作楇廣韻平聲八戈同是盛膏器

上當有車字集韻八戈亦同廣韻而去聲三十九過引說文與今本同檛本盛膏以滑轂其義取過故史記孟子荀卿列傳炙轂過髡卽借過字代之其用專屬之車不得但云盛膏器㮙車字傳寫失也辵部過度也本音古禾切讀若過三字不誤段刪之非

枊馬柱一曰堅也段刪此四字案篇韻皆云繫馬柱竝有繫字而集韻亦無之唐本作馬柱也一曰堅堅疑豎誤柱本作豎臤部豎豎段改豎立也豎柱音義竝近意謂凡柱皆得名枊不專馬柱

梱可射鼠唐本作可以䠶鼠也與玉篇合

欙山行所乘者唐本者作也又澤行乘𨊴唐本𨊴作軘韻譜引作輴案輴兵車也此寫誤玉篇𨊴輴字同輴之

爲軜猶逡遁之爲逡巡也見史記札記

權水上橫木所以渡者也唐本無者字與御覽引合

楫舟櫂也唐本櫂作擢

校木囚也古孝切唐本作木田也下校切楚金通釋以爲木缶誤不可攷案漢書司馬相如傳師古注云校獵者以木相貫總爲闌校遮止禽獸而獵取之莫君據此以爲田字是竊謂如莫說則田當爲毌字之譌毌卽以木相貫之貫字文當云毌木也誤倒作木毌又以形近譌爲田於是爲囚爲缶烏焉成馬矣

杮削木札樸也从木巿聲陳楚謂櫝爲杮唐本作削木朴也與元應書十八引合又十六引作削朴也案朴木皮也作樸

誤朮俗本誤宋𣏟俗本誤柹葢篆文朮普活切朩郎里切止爭一畫桂氏云檟當作𣑽固是然𣑽亦非𣏟也韻會引楚金本作陳楚謂之札𣏟段改從之勝鼎臣本

檇从木雋聲春秋傳曰越敗吳於檇李案檇从雋聲讀如醉此古音諄脂二部同入互轉之例義證斠詮皆謂宜从巂聲未聞載籍有作欈李者唐本於作于與楚金本合

朾橦也唐本朾篆在椓前橦作撞與段改合

棱柧也唐本作柧柧木也

𣡌商書曰若顛木之有甹𣡌唐本甹作由與今本尙書合今說文無由字而有从由之字葢傳本失之又重文蘖在梓下與楚金本

同

枰从木从平平亦聲蒲兵切唐本無平亦二字防柄切案篇韻皆平去兩收

柆折木也唐本作折木聲

桱衺斫也春秋傳曰山木不槎唐本作邪斫也春秋國語曰山不桱栓案此足正各本之誤玉篇云國語山不槎櫱蓋所見本說文未誤

柮斷也讀若爾雅貀無前足之貀唐本下有一曰絡三字玉篇柮說文五滑切斷也一曰給也絡給二字疑皆有誤

檮春秋傳曰檮柮唐本作春秋傳檮柮也

析破木也一曰折也从木从斤楚金本斤下衍聲字唐本作从木斤一曰折

㯉側鳩切唐本又逅側溝二切廣韻亦平上兩收玉篇又逅側九二切疑側九即側鳩之譌

梡㯉木薪也胡本切唐本下短切

㯉梡木未析也唐本析作斫

楄春秋傳曰楄部薦榦唐本下有者字案昭二十五年左傳唯是楄柎所以藉榦者疑當有所以二字

楅以木有所逼束也詩曰夏而楅衡唐本逼作迫曰作云案許書無逼篆

楪楄也唐本楄作牑與桂說合

槱積火燎之也周禮以槱燎祠司中司命从木从火酉聲余救切唐本作積木與篇韻五經文字六書故韻會合集韻上聲四十四有亦作積木去聲四十九宥誤作積火與今本同唐本周禮下有曰字末云音酉案周禮大宗伯釋文音羊九詩棫樸釋文音弋九是經典多讀上聲唐本是也徐音余救切非重文禉柴祭天神或从示唐本作禉柴祭天神之名疑誤

休息止也唐本息止倒

械一曰持也唐本無此四字

杽从木从手手亦聲唐本無下从字末有讀若丑三字

桎足械也唐本下有所以質地四字

梏手械也唐本下有所以告天四字案質地告天二句
竝與周禮釋文御覽六百四十四引合葢當時有此增
竄之本二徐本竝無之是也說見前古沃切唐本作古屋
切
櫪櫪㯕椑指也唐本椑作押韻會引繫傳以木柙十指
押乃柙之俗字作椑誤段本改之矣
㯕唐本㯕後次槍槍後次閑云止也从木𢀖門胡間
切楚金本亦有之毛刻本刓補於部末棐篆後案閑字
已見門部此乃後人所增鼎臣刪之是
柙以藏虎兕唐本作可以盛虎兕又㘬古文柙唐本下
有从口二字口疑凵之譌

棺所以掩尸唐本尸作屍是

櫬士輿櫬唐本輿作舁

槥祥歲切唐本作篲息芮切案玉篇爲綴才芮二切又音歲是有息芮切

楬楬櫫也春秋傳曰楬而書之案楬與櫫義通見卷一疑說解以櫫訓楬衍一楬字耳段據韻會引及趙凡夫鈔本近刻五音韻譜改爲楬櫫不如兩存之楬而書之文見地官泉府非春秋傳唐本作周禮是

梟不孝鳥也日至捕梟磔之从鳥頭在木上五經文字引作从鳥在木上段據之改篆爲梟而刪說解頭字案鳥象鳥之首身翅尾匕象其足梟字本从木从鳥今作

梟者乃書家省筆非謂以𠂤爲鳥頭也說解从鳥𠂤二字爲句頭在木上爲句元應書十一十三引作冬至日鳥頭在木上殊不成文理然可見舊本有頭字不可删也廣韻引此文與今本同惟日至上多故字　此字與県音義竝同義取縣頭於木故系木部遂以名其鳥非其鳥本名梟也讀書者顧名思義知古人垂戒深矣

棐唐本次梧下棊上

叒部𠭥籀文案隷變若字从口乃本籀文

桑蠶所食葉木从叒木案叒本象葉重沓之貌桑以葉重故从叒象形若與桑亦古魚唐二部相合之證

出部㞷艸木妄生也案妄讀如妄一男子之妄妄生謂

得土卽生不擇地也

朮部索艸有莖葉可作繩索从朮糸杜林說朮亦朱朩字案艸字宜句謂索亦艸名也因其莖葉可作繩索卽名之爲索亦如惡鳥宜梟磔卽名之爲梟也離騷索胡繩之纚纚王叔師云胡繩香艸也因其可爲繩索故名胡繩索亦胡繩之類洪補注楚詞亦引此說解杜林七字疑當在部首朮下校議亦有此說

口部困故廬也从木在口中案木在口中枝榦不能條達而困云故廬者猶言身不能出閭巷也

囮譯也从口化率鳥者繫生鳥以來之名曰囮讀若譌段云譯疑當作誘案譯疑諤字之誤諤鄂古通魯語於

是乎設弃鄂以實廟庖韋注鄂柞格所以誤獸也囮讀如譌譌者所以誤之也囮誤譌一聲之轉

貝部賢多才也案賢能之賢古本作臤後世借賢爲臤而臤字遂廢矣賢字次賄財貨贎資購賑諸篆之後於賢能義不類故段注改爲多財也然財才古通用

邑部郒詩曰卽有部家室案楚金本詩曰上有臣鍇曰三字是繫傳文鼎臣竄入說解書中凡此類不少

邠重文豳从山从豩豩闕案从豩豩闕者蓋不得其聲義所从也豕部豩云豳从此闕語正相應邑部𨛜字从此闕𨛜部凡𨛜之屬皆从𨛜闕貝部質从所闕斤部从二斤闕語皆相應校議以爲闕字後人所注非也豩字玉篇火

類切不知所本鼎臣音伯貧切轉因豳字之音而坿會之又音呼關切則火類之轉耳

郇从邑旬聲讀若泓段云泓疑當作淵案泓旬聲絕遠淵與泓形亦不似疑泓乃泫字之譌郇洵同音國語無洵涕借洵爲泫字莊子田子方篇今女怵然有洵目之志（列子黃帝篇同）釋文洵謂眩也葢旬聲玄聲古音相近如絢从旬聲而讀許掾切是也玄字隸變或作弓孫叔敖碑袨睦碑書紘爲紖泫之誤泓葢非無徵矣

舒蓺室隨筆卷二

舒蓺室隨筆卷三

南匯張文虎孟彪

日部日實也太陽之精不虧案實滿也太陽之精不虧正釋實字之義此與月下訓闕也相對爲文彼月而食則維其常言月本有盈闕也此日而食于何不臧言太陽之精不當有虧也

㫐晨也从日在甲上案日在甲上猶言日在甲位甲位東北方日加寅時故爲早也

⿱齊日星無雲也斠詮云星當作姓姚氏姬傳說同楚金本作星無雲暫見也則又不以爲姓字案史記封禪書乃以禮祠迎鼎至甘泉從行上薦之至中山曣昷有黃雲蓋焉曣昷補孝武本

紀作晏溫漢書郊祀志同如淳曰三輔謂日出清濟即霽字爲晏段注於晏篆下晏天清也亦與無雲義近引史漢此文而解爲氤氲是也蓋曣瞖同字而單文則爲無雲爲清濟其連暥字爲文則爲氤氲氤氲者和合之氣乃與下黃雲義洽

𩐨不久也案易隨大傳君子以嚮晦入宴息嚮字疑當作此𩐨字

㬎眾微杪也从日中視絲案如許義則杪當作秒蓋眇之借字玉篇作微妙也

𠥓部黂錯革畫鳥其上段云畫字妄人所增是也案爾雅云錯革鳥曰黂錯者雜也所謂以五采彰施于五色

也古已有希繡小雅云織文鳥章則是織作而如鄭注周禮則以畫繢藎皆可用故云錯

游旌旗之流也从㫃汓聲案字當作斿書家以不便於結體改爲游玉篇㫃部遂以俗書旒字當之改游字入水部訓云浮也旌旗之游也（游疑流字訛）而正義反爲別義且从水从斿斿不成字豈希馮舊本乎然許書水部汕篆解云魚游水皃是游固有浮義而此文失之

冥部冥幽也从日从六冂聲日數十十六日而月始虧幽也案篆止从日無緣及月以十六解六字毋乃太迂木部杳冥也从日在木下冥字从冂義蓋略同从六者許書言易之數陰變於六六爲老陰易冥豫虞注云坤

為冥是其證也

晶部曐一曰象形从○古○復注中故與日同曐古文曐案據說解則象形从○者作曐其古文則當依古○復注中作曐日部[illegible][illegible]朙部明囧部盟所謂與日同也

曡楊雄說以爲古理官決罪三日得其宜乃行之从晶宜案从晶宜者晶精光也晶無不照宜無不當故詩以爲震曡字改从晶者靁之省

月部朖明也从月良聲案既醉詩及爾雅釋言竝作朗玉篇月部朗亦作朖朤古文疑許書朖下亦當有朗朤二文今本失之

有部有不宜有也春秋傳曰日月月字衍有食之案有之

義从月𥁋取月始見天下皆知也日有倉之又其引申之義

夕部𡧯舍也天下休舍也从夕亦省聲案天下休舍無義下疑子字之譌夜𥁋宮掖之掖故云天子休舍謂夕所休曰夜猶謂晨所涖曰朝从亦（古肘亦字今俗作腋）省者𥁋書家省之以結體自專以爲晨夜字故借从手之掖以當之（掖持臂也本扶掖字）

夗轉臥也从夕卩臥有節也案右旁卪疑本作㔾似尸而曲象人曲𨈐側臥之形所謂寢不尸（臥字尸字竝从人）以爲从卩後人失之

卥部㮚木也𣡌古文㮚从西从二卥徐巡說木至西方

戰栗案楚金本古文作籀卣籀文作𠧪从三卣故㮚籀文作𣡌㮚籀文作𣡌亦竝从三卣其例易明鼎臣以𣡌从𠧪故改爲古文其實卣與𠧪之古文𠧪形近因卣譌爲卣再譌爲𠧪遂有徐巡之郢說㳄長好異義而誤采之夫木至西方何爲戰栗宰我之鑿夫子斥之矣無施於此段氏謂㮚字隸變作栗竊取古文从西之意然則㮚字無从𠧪之古文何爲亦作㮚乎蓋皆因卣卣形近而謬趨簡易好古者勿佞古可也

亨部亨肩也象屋下刻木之形案人部仔克也周頌佛時仔肩毛傳仔肩克也是克與肩互訓亨从古與高同意或本从高省匕象人肩物之形肩也下當有象形二

字象屋下刻木之形乃别一義當在古文汞下汞从上上亦高也（上亦古文上字）从氽與彔同彔刻木彔彔也此其義矣

禾部朩从木从𥝌省𥝌象其穗案从𥝌省三字葢衍文當云从木𥝌象其穗段幷删下𥝌字則象其穗者何邪

米部竊盜自中出曰竊从穴从米禼廿皆聲廿古文疾禼古文偰案禼廿不同部豈得兩諧其聲葢非許義廿當作𠦃从𦍌省爾雅釋蟲蛄𧍢強蛘方言作強羊郭注今米穀中蠹小黑蟲是也禼蟲也義兼聲从穴从𠦃會意盜自中出者猶言火生於木書家誤寫𠦃作廿許解又缺禼廿十二字皆後人妄增

宀部㝗㝩也从宀良聲音良又力康切（㝩下脱㝗段本已補）案許書但有讀若某無云音者此音良又力康切明是鼎臣之文毛本譌又爲久段遂以爲當作讀若良久亦太疏矣楚金但有力康切卻引吳都賦所謂䆄㝗之野今檢彼賦云相與騰躍乎莽㝩之野又云相與聊浪乎昧莫之坰當由誤記

寡从宀从頒頒分賦也故爲少案徒取分賦从宀何謂恐非許文蒙謂貧寡字皆从分貧从貝貝財也財分則貧寡从頁頁首也屋中人也人分則居者寡

宛屈艸自覆也案屈艸之義不見上舁篆解云从宀夗聲夕部夗本从奴疑此文艸乃夕之譌當屬舁下因舁

宛互訓錯簡在此而𠂹又譌爲艸遂不可通宕過也一曰洞屋从宀碭省聲案去昜存石孰知爲碭聲疑本作从宀石會意洞屋者石通迵似屋者也通迵則可徑過穀梁傳長翟兄弟三人佚宕中國是也

穴部㝅深也一曰竈突从穴从火从求省楚金本作从求省聲讀若三年導服之導案求聲絕遠形亦太疏篇韻竝作㝅疑本从又又手也㝅者竈下進火處故从又深疑探之譌探與禫聲近故云讀若三年導服之導蓋㝅卽古探字㝅自竈門非高出屋上之突突今謂之烟囱今許書突篆下無竈突義此一曰竈突四字當屬彼廣雅釋宮窯謂之竈其脣謂之陘其窻謂之堗堗下謂之各本末缺一字疑卽㝅字

突犬從穴中暫出也从犬在穴中一曰滑也楚金本下有匪突也三字案疑當作滑突也滑突鄭武公名今俗猶有此語亦作胡突不知當時作何義又疑此下當有一曰竈突四字說見上

窜入衇刺穴謂之窜案今醫以指甲切定穴處納鍼俗作搯或云當從手部擪字云指按也不知古自有窜字

疒部疛小腹病从疒肘省聲陟柳切段引小雅我心憂傷惄焉如擣案毛傳擣心疾也擣猶易林云胸春非小腹病玉篇疛心腹病也呂氏春秋云身盡疛腫（今呂書先己篇作府腫高注府腹疾也疛府形近而譌）則疛是小腹脹小字與立心形近譌爲心宜以說文正之詩擣字釋文云本或作𢷾韓詩

作疛蓋癄之壞文非其義許書疛篆次疝腹腫也癭滿也二文閒自是腹病

痙小腫也一曰族絫案族絫桓六年左傳作瘯蠡釋文引說文云瘯瘰皮肥也許書無此文亦無瘯瘰二字陸誤記耳肥非畜病蓋瘣之譌玉篇瘣痱同字許書痱風病也玉篇云瘯蠡皮膚病天官內饔豕盲眂而交睫腥注腥當爲星聲之誤也肉有如米者似星案肉部腥肉中小息肉正與此合鄭以其與上腥臊字混故易之蓋卽所謂瘯蠡亦卽族絫也族絫二合音卽痤字蠡絫二字皆有螺音見集韻

𤵸狂走也段引公羊傳㤜字注㤜者狂也以釋之案𤵸疑卽禮運獸不狘之狘彼注云驚走也玉篇狘獸走貌

篆文朮戉戌三字形聲竝近洪範五行傳禦聽於怵攸注怵讀曰獸不狘之狘漢書武紀注怵音如戌亥之戌說文無怵狘二字或借痲字爲之

冃部冒重文𡇒趙凡夫云从囚誤當从古文目作囼案囧亦目也目部省古文作𡇂正借囧爲目字网疑从罙省隸書网或作罓又省米作䒑省圖作囧网部罙下引詩罙入其阻今商頌省作罙箋云罙冒也冒入其險阻是罙冒同義

最犯而取也案楚金本作犯取也臣鍇曰犯而取也今本說解有而字是亦鼎臣依鍇補之犯取正合殿最之義殿者護後最者突前段欲改殿最爲殿冣未然

㒳部㒼平也从廿五行之數二十分爲一辰㒳㒼平也案五行謂五行家也辰者十二辰每辰十分㒳之則二十分十二辰得二百四十分以比二十四銖爲一兩一歲二十四氣每氣得十分也㒳㒼平也疑㒳㒼互倒此重釋㒼爲平之義云㒼者陰陽五行之氣消長適平也卽兩下云平分意

网部罙周行也从网米聲詩曰罙入其阻楚金本作周也案周蓋冒之譌鼎臣又因周而加行字矣夫周行何爲而从网乎今詩罙作冞蓋省文猶古文㒺字省作罔鄭箋訓冞爲冒釋文引許書云冒也正與鄭合毛傳訓深也亦與鄭冒入其險阻意相因罙从网者猶言觸网

亦冒義也段氏改罙篆說解爲网也而删詩曰六字又以詩罙字爲突而謂罙爲鄭君所易未敢服膺

襾部覈實也考事實襾笮邀遮其辭得實曰覈嚴據後漢和紀文選長笛賦注元應書七又十二引作考事實也云此文今本誤倒是也玉篇注亦作考事實張士俊刊本考誤作老文當以考事實也句襾笮邀遮句其辭得實句襾笮邀遮所謂鉤距之術矣

白部白西方色也陰用事物色白从入合二二陰數又皁古文白案从入合二之說以解古文可也今篆文竝不从二則不可以通竊謂白者日光也莊子人閒世虛室生白釋文引崔云白者日光所照也漢書賈誼傳注

白晝白日也言白者言不陰晦也又魏豹傳注白駒謂日景也古書以明訓白者甚多是白與明義同其字从丨者上下通也从日者凡光所照皆日也日出東方而而照於西謂白爲西方之色義亦可通

人部倩人字从人靑聲東齊壻謂之倩案但云人字非解字體韻會引作人美字也猶缺略顏注漢書朱邑傳云倩士之美稱也其義始備文部彥下云美士有文人所言也疑此文本亦作美士也傳者或譌或衍爾荀粲字奉倩粲鮮好貌名字相配倩義可知碩人傳轉以巧笑通爲好口輔非倩本義故許不取

份文質備也从人分聲論語曰文質份份彬古文份从

彡林林者从焚省聲楚金本無林者二字案此解宂襍从焚亦迂謬林有眾盛之義彡者文飾也疑彬本从彡林會意林者六字皆後人妄增

儃何也段云當作儃回是也莊子田子方儃儃然不趨釋文引李云儃儃舒閒之貌楚辭惜誓固儃回而不息注云儃回運轉也蓋俗書回作佪說文無佪字因譌為何王篇儃疾也何也皆非儃義亦後人竄入

俔逸周書曰朕實不明以俔伯父段云俔當為溷之假借案溷與本典解故問伯父之問聲亦相近疑彼文亦本溷字也俔與梡皆胡本切俔之假為溷猶梡之或為棞也

臥部臥休也从人臣取其伏也二徐本同惟韻會引作伏也段據以改訂案諸葛武侯爲臥龍又曰伏龍臥伏同義然玉篇但云眠也息也廣韻集韻引說文竝同今本（御覽引亦同）疑取其伏也四字後人所增若許書本訓伏也亦不當有此四字

身部身躳也象人之身从人厂聲聲字疑衍篆本象形从厂會意从人人亦聲釋詁朕余躬身也（杜注僖九年左傳本此）郭注今人亦自呼爲身案蜀志張飛傳飛據水斷橋瞋目横矛曰身是張益德也此所謂自呼爲身也从厂者卽我篆解所云施（音義竝同厂）身自謂也韻會引楚金本作从申省聲非許義

衣部衣依也上曰衣下曰裳象覆二人之形段解二人爲一貴一賤近陋孫氏淵如謂二人當爲二乚古文肱字亦未盡案疑此字本象形亠象領𠆢象兩袖左右襟相掩及裾下㐬之形桂說亦已近之其次於人部後者衣以蔽形人所急也

老部耂考也七十曰老从人毛匕言須髮變白也案如說解从人毛匕則篆當依宪字例上毛中畫略向右曲中从乀乃段本作耂注云本从毛匕長毛之末筆非中有人字此因韻會無人字而坿會之耳卽如其說長毛之末筆則尾當向右不當向左作耂而右邊別多一乀斠詮本篆形竟作耂則更不成字矣此部惟耄字从老

其耋耆耇𦒱䎘壽考孝八字皆省从耂許自敘特以考老二字釋轉注葢耋耆諸字雖省从耂而實皆以老爲義偶舉考老以例其餘亦以二字同部尤親切耳段氏承戴氏東原之恉以考老互訓爲轉注則六書缺其一矣向持此論未敢自信讀曾文正公荅朱太學書意與余合又推之聲爨畫肩冓筋稽橐寤重履歙盬弦酉諸部皆如此所論尤精塙私喜有所印證坿識於此

耇老人面凍黎若垢案鄭注儀禮孫叔然注爾雅皆如此說殆以句垢同音而坿會之於是舍人又有色赤黑如狗之云益荒謬矣竊謂句卽痀字痀曲脊也玉部玖讀若人句脊之句是借句爲痀字當以年老背傴僂爲義詩言黃髮鮐背方

言云陳兖之會曰耇鮐是謂背曲脊如鮐也

𦒱（段本誤刻作𦒱解作从勿不誤）老人行才相逮从老省易省行象案勿象曲躬行後人失其解謂从易省冃當作从老省勿象行段本改易爲勿是矣而改行象爲象形似可不必

尺部尺尺所以指尺（段云當作庌指庌猶標目也）規榘事也从尸从乙乙所識也案疑古尺如今之規兩股可開合（今亦謂之旋尺）尺乃象形今木工營造尺亦縱橫兩股但不能開合耳

舟部舠船行不安也从舟从刖省讀若兀案从刖無義且去月存刀孰知其爲从刖省邪玉篇有𦨴字云播舟集韻類篇竝以爲舠之重文疑字本作𦨴聲義竝从兀篆文㔾詰屈與刀形近爛文成舠後人強說之非許書

元本廣韻反以舤爲俗字謬矣今以舠爲會不容刀之刀又其後起

兄部兢競也从二兄二兄競意从丰聲讀若矜一曰兢敬也楚金本無一曰五字玉篇兄部兢兢兢戒愼也說文云競也兢同上見說文案誩部誩競言也競（郎令競字）彊語也此兢字仍訓競是乃競之重文而已且如兢訓爲競則當云从二丰（丰象艸生散亂之貌）从競省聲（競本从言从口郎如从言）何爲特立兄部而以爲从二兄乎兢字屢見經典而今本說文無之葢此卽其字而其訓義與其从丰从兢之解已佚後人妄以競義竄補夫競自从誩从二人兢自从丰从二兄絕不相涉乃因其下半字體相似而牽合其

義豈許書元文乎玉篇以竸爲兢同字得之矣惟說文曰競也五字不當注兢下葢亦後人所增

秃無髮也从儿上象禾粟之形案秃葢秀之反禾部諱秀無說故此亦略之秃人伏禾中之說廣韻謂出文字音義非許氏文

欠部欠張口气悟也象气从人上出之形案人倦則欠伸欲臥及其覺亦欠伸而起此主覺言故云張口气悟悟卽寤字

頁部頁頭也从百从儿古文䭫首如此凡頁之屬皆从頁頁者䭫首字也蔣詮云末六字後人所加段本删之案疑古文䭫首如此六字亦錯簡當在𦣻部䭫字下

順理也从頁川案理者面目顏色之治如玉之有理字
尹旁達也與下𩑋𩕳爲類楚金本川下有聲字是
顗面前岳岳也案面前岳岳蓋狀其面皃偉岸段注引
山從人面起爲證微特失許義并失太白詩意
顋昧前也从頁㫗聲讀若昧案前字與上面前義同蓋
言其面目蒙昧巛部㫗水流也于筆切聲義絕遠顧命
王乃洮頮水漢書律秝志引頮作沬水部沬洒面也湏
古文沬疑此篆亦當从巛誤作㫗𦣝洒面與蒙昧義相
反古文入水部从水頁會意讀同沬小篆入頁部从頁
水讀若昧音同而義別也段改水部湏爲頮而於此文
釋爲昧昧當前引論語正牆面爲說未然

彡部彭清飾也从彡青聲段云彤不入彡部彭不入青部者錯見也案彤義在丹从彡聲彭義在彡从青聲彤必以丹而彭不必以青故不曰青飾而曰清飾且若彭入青部則與彤同音矣

色部艴色艴如也从色弗聲論語曰色艴如也案此解疑傳寫誤玉篇艴說文曰色艴如也孟子曰曾西艴然不悅

山部嶽王者之所以巡狩所至案之所以三字衍文韻會引無玉篇云王者巡狩所至之山

广部庌屋牝瓦下一曰維綱也从广閔省聲讀若環集韻類篇引竝作屋北瓦下北亦牝之譌玉篇作屋牡瓦

下也廣韻作屋牡瓦名案戊从广爲義非瓦名牡瓦瓦之卷者下卽牝瓦瓦之平者玉篇瓪牝瓦也瓻牡瓦也九章算術今有一人三日爲牡瓦三十八枚一人二日爲牝瓦七十六枚葢牡瓦卷用功多故以三日抵牝瓦一日之功戊在牝瓦下不在牡瓦下也爾雅釋宮屋上薄謂之筄郭注屋笮竹部笮在瓦之下棼上是牝瓦下卽笮笮急就篇作柞顔注柞屋棧也棧無柞義疑卽戊之譌六書故云椽上必設笮然後安瓦然則卽櫋聯矣桂云戊當从戈聲後人以環戈音異改爲从閾省聲是也閾亦从戈聲本元歌互轉之理又案管子小匡篇綱山於有牢齊語綱作繯韋注繯繞也後漢書馬融傳注引作還也還環聲義並同說文無繯字葢卽以環字當之此解維綱字疑綱亦當作繯義益與櫋聯近

廕屋階中會也案屋階中會者葢謂歷階而上値堂外

深檐屋所覆處以其向明故謂之廡古東西兩階賓主至中而相見故曰屋階中會楚金云會者其中階相向處是也段以長石居中兩邊鬭合者當之恐非

丸部𠃨圜也傾仄而轉者从反仄案傾仄而轉者如今丸藥者旋轉攲仄而成圜也商頌松柏丸丸傳訓易直非許義段引誤

長部镸久遠也从兀从匕兀者高遠意也久則變化亾聲𢆉者倒亾也𠑿古文長𠑹亦古文長案此葢後人羣於長生久視之說而坿會也以兩古文體皆从人審之知小篆亦从古文人葢取體仁足以長人之義疑長字以長養尊長爲本義上𠑿从引申爲長短之長然从𢆉从

匕義葢闕倒亾之陋不足究惟以長養尊長爲本義故从匕與老字義同

豸部豸獸長脊行豸豸然欲有所司殺形案此卽爾雅所謂威夷長脊而泥也夕象其首才象其長脊立而相搏之勢古人繪物之簡與其狀物之精備見於此

玃王縛切案玃玉篇九縛切廣韻居縛切爾雅釋文俱縛切凡从矍聲者不當音王縛切王縛切則从蒦聲矣徐音非是

易部易祕書說曰日月爲易象陰陽也案如祕書說則篆當作昜繫辭曰陰陽之義配日月又曰縣象著明莫大乎日月與明字取義相同故引申爲易簡之易夫乾確然示人易矣是也从日从月乃易之本義蜥易之說

其細已甚

鹿部麎牝麇也从鹿辰聲植鄰切案吉日詩其祁孔有箋云祁當作麎段注以麎在漢時讀與祁同竊謂此鄭以祁爲誤字而易之非讀祁如麎亦非讀麎如祁也麎玉篇市真市軫二切廣韻止入平聲十七真竝無祁音詩釋文引何止尸反止疑上之譌沈市尸反爾雅釋文引字林市尸反既非祁音又非麎音疑尸皆尹字之譌舊書引尸子尹子往往相亂是其證也

犬部臭禽走臭而知其迹者犬也段云走臭猶言逐氣會公子紀澤云當以禽走爲句義證亦云走屬禽不屬犬段注非

狄赤狄本犬種狄之爲言淫辟也从犬亦省聲初學記御覽引竝作狄赤犬也疑今本狄赤下脫犬也二字葢狄本赤犬之名因狄人本犬種卽呼之爲狄火赤色从犬从火會意非从亦省聲狄之爲言淫辟者言其禽獸行樂記流辟邪散狄成滌濫之音作而民淫亂義葢同此

能部□从肉案从肉無義凡能熊羆龍等字之从ㄆ皆象其首如豸篆之例後人不察以爲从肉幷篆文說解而改之

火部尞柴祭天也从火从昚昚古文愼祭天所以愼也案篆文从屮从火象火煙上出義同㸑从炅炅見也廣韻云光也大宗伯鄭注云燔燎而升煙所以報陽也从炅者

取其光遠見也今本从火以下疑後人改竄校議亦以眘古文慎爲校語

黑部黑火所熏之色也段依青赤白黃例增北方色也案玉篇黑韓康伯云北方陰色說文云火所熏之色也是所見說文無此四字故別引韓說廣韻但云北方色不引說文徑補恐非

黸齊謂黑爲黸案瀘黑水櫨黑橘獹黑犬或止作盧又黑弓黑矢爲盧弓盧矢疑古本謂黑爲盧盧雖亦止作盧黸乃後起字

黔黎也秦謂民爲黔首謂黑色也周謂之黎民案爾雅釋詁黎衆也詩傳箋禮記鄭注並同而許書黍部云黎

履黏也無眾義此解乃以黎訓黚且明以黎民解黚首是許與爾雅毛鄭異義段必辯以爲非亦固矣古人以幼爲赤子老爲頒白則黎民黚首葢舉壯者以該老幼禹貢厥土青黎正義引王肅云青黑色（某氏傳同）史記秦始皇本紀集解引應劭曰黚亦黎黑也李斯列傳面目黎黑廣雅黎黑也又隹部黧黧黃也一曰楚雀其色黎黑而黃葢古謂黑爲黎（或作犁見秦策）後世乃有黧字如盧旁增黑爲黸矣（黎盧亦聲之轉）

炙部炙炮肉也从肉在其上䏑籀文段引詩瓠葉傳炕火曰炙正義云炕舉也謂以物貫之而舉於火上以炙之案今燔炙者以叉貫肉炙於火上籀文右旁木正象

爻形彡象肉弗貫之形左旁夕疑涉篆文而衍

壺部𡔷壹壼也从凶从壺不得泄凶也易曰天地壹壼案从凶無義疑當从囟見後囟部䏐篆解云从囟囟取通氣也𡔷从吉聲專壹也𡔷从囟聲通氣也氣專壹則不泄不泄則積之厚而自相通故云天地壹壼今易繫辭作絪縕萬物化醇淺人以𡔷从吉遂以𡔷从凶段氏亦爲所惑矣

夫部夫丈夫也从亣一以象簪也周制以八寸爲尺十尺爲丈人長八尺故曰丈夫案周制一尺止八寸則一丈止八尺人長八尺仍以周制言也故曰丈夫桂以八尺爲六尺四寸失許義或云說解十尺爲丈十字當作八

立部竱磊竱重聚也案史記五帝本紀集解引皇覽肩髀冢在山陽郡鉅野縣重聚大小與闞冢等重聚猶言土阜磊竱卽龍斷轉音

竝部普廢一偏下也六書故引唐本止廢也二字與爾雅釋言詩楚茨召旻傳離騷注僖七年二十四年左傳杜注竝同嚴氏校議謂當作廢也一曰偏下也案廢亦置也言廢一置一猶今人云普代偏下也者衰替之意與廢義相引申嚴說是

囟部囟頭會匘蓋也象形𡿺古文囟字案內則正義云囟是首腦之上縫故說文云十其字象小兒腦不合也今囟篆下無此文蓋隱栝儿部兒篆下說解彼云象小兒頭囟未

合段據九經字樣引說文作囟，夢英書偏旁石刻及宋刻書本改篆文作囟是也。觀古文作𠙹，知上不當連。今楷書作囟，猶書皃作皃、書臼作白，取便運筆耳。惟篆文作囟則失其意矣。因是乃悟奩字从𡿺本是从囟，其上不連，故譌爲凶；若連則當譌爲囟矣。亦足證予前說之非鑿也。

思部恖，容也。从心囟聲。注：刻楚金本容作睿，韻會引說解作从心从囟，段本竝依改，是也。恖字从心囟會意，今人謂人記憶在腦，故凡思則側其首。段注息篆亦云心思上凝於囟也。囟息進切，思息茲切，實一聲之轉，則亦以義兼聲。校議亦主睿字

心部忐意也从心㞢聲案此鼎臣所補十九文之一今楚金本亦有者後人依鼎臣本補校議據周禮保章氏注志古文識謂當於言部識篆下補重文亦一閒也

愓敬也此篆不與惎敬諸文爲類而後出於此葢非許書元次校議據文選射雉賦注元應書五引作驚也謂敬其爛文案夕部夤敬愓也則敬非誤

水部泌俠流也案玉篇作狹流也說文無狹字蓋皆陜之誤阜部陜隘也玉篇云陜不廣也亦作狹陜謂泉出石閒甚偪側也上林賦偪側泌瀄司馬彪注偪側相近也泌瀄相楔也見史記索隱及文選注而顏師古注漢書襲之葢偪側言其勢泌瀄狀其流正與陜流義相發詩毖彼泉水傳云泉水

始出㟁㷫流也目部眂篆解云讀若詩云泌彼泉水是泌與㟁同衡門詩衡門之下可以棲遲泌之洋洋可以樂飢言衡門人見爲陋己覺其安泌水人見其隘己覺其廣大足飲也

瀵水浸也从水糞聲爾雅瀵大出尾下案楚金本有讀若粉三字而爾雅文則其所引非許書本文釋水此文注云今河東汾陰有水口如車輪許濆沸湧出其深無限名之爲瀵馮翊郃陽縣復有瀵亦如之相去數里而夾河河中有陼上又有一瀵瀵原皆潛相通王氏述聞云瀵大出當絕句尾下自爲一義大出者濆涌上出尾下者歸於他水水之尾也據此則郭注止得其上一義玉篇瀵字下亦止掇郭注數語而以說文字爲重文不

箸水浸之義廣韻去聲二十三問匹問切下瀵水浸也方問切下瀵水名有三眼云云亦卽郭注文是別二義爲二音集韻芳問切下卽匹問切瀵宋本如此㯙亭本作瀵然皆不古不今疑有誤說文水浸也宋本不誤㯙亭本誤漫引尾下一說泉涌出也蒲同二州夾河皆有瀵泉亦卽郭注所云方問切下瀵水名爾雅瀵水當作大類篇不誤出尾下在河東云云亦掇郭注文夫瀵瀵篆隸之異本非二字而畫分二音類篇如此亦誤矣然其所引說文似勝今本葢瀵有二義說解水浸云者卽爾雅尾下之義莊子所謂尾閭故云引尾下謂水相引而至尾桂氏義證以爲浸讀如揚州之浸五湖是也涌出云者卽爾雅大出之義楚金不解引尾之云遂刪去其文而以爾雅補之鼎臣因之竄入說解微集

韻類篇則許書本文從此晦矣段注據集韻誤本改水浸爲水漫亦失之

魚部鰥魚也从魚眔聲案鰥當从罬省聲故詩其魚魴鰥箋讀爲爾雅鯤魚子其辨物非其音是也

鮍魚名案鮍蓋魚之細者今吳人猶有鰟鮍之偁其魚形似魴而細故曰鰟鮍鰟卽魴之重文爾雅翼作旁皮不知說文固有鰟鮍二字也

耳部耿耳箸頰也从耳烓省杜林說耿光也从火省聲凡字皆左形右聲杜說非也案火字象人頰故云耳箸頰也此會意字去圭从火而云烓聲去㞷从耳而云聖聲此皆後人坿益至全書右形左聲之字多矣而云凡字皆左形右聲許氏何至自相矛盾如此楚金已覺其

不類矣

聯連也从耳耳連於頰也从絲絲連不絕也案周禮大宰以八灋治官府三曰官聯以會官治蓋人竝則耳相接故曰聯从糸者取其相連而不可亂也篆無頰形何以云耳連於頰恐非許氏文

聽聆也段注云凡目所及者云視如視朝視事是也凡目不能徧而耳所及者云聽如聽天下聽事是也案段說甚精請益之曰目在此而光照於彼謂之視故凡出於我者皆謂之視聲發於彼而入我耳謂之聽故凡出於彼者皆謂之聽（如聽訟聽天命聽客所爲之類是也）

聹益梁之州謂聾爲聹秦晉聽而不聰聞而不達謂之

聛案方言聛聾也玉篇引作半聾也廣韻亦訓半聾也以聽而不聰聞而不達推之當有半字今本方言脫落

𦣻安也从二𦣻蓋帖𦣻之義廣韻帖安也玉篇引埤倉云𦣻垂廣韻𦣻垂皃皆與帖𦣻義相近段注謂二𦣻在人首帖妥之至幾於戲論

𦣝部𦣞廣𦣝也从𦣝巳聲戺古文𦣞从戶段云戶當作尸案此疑古文假借堂廉之戺爲𦣞據九經字樣引說文作𡰯玉篇戺入戶部則非尸之誤明矣

手部掊把也今鹽官入水取鹽爲掊六書故引唐本把作捊案把訓握與掊義不合史記封禪書掊視得鼎索隱引說文掊抱也抱乃捊之重文捊引取也正與唐本

合捊之作抱猶桴之作枹也把與抱形近而譌段又改爲杷杷收麥器不可以入水取鹽亦不可以掊土出鼎女部嬴少昊氏之姓从女嬴省聲案此與貝部贏从嬴聲兩聲字疑皆衍楚金本於此文改作从嬴省聲則安知非嬴从嬴省聲乎昭十七年左傳以少昊卽摯史記五帝本紀不及少昊而摯爲高辛氏之子索隱引皇甫謐宋衷則皆云玄囂青陽卽少昊史以爲黃帝子降居江水不爲帝世遠莫攷然鄭子自序其祖不當誣晉語司空季子謂黃帝之子十二姓姬酉祁已滕箴任荀僖姞儇依無嬴姓許葢別有所據秦本紀言柏翳舜賜姓嬴字段氏以爲賜復祖姓然史云柏翳顓頊之苗裔非少昊後仍不合又段此注以皋陶爲伯翳之子與列女傳相反亦未知何據

始女字也从从女合聲一曰無聲案末四字乃校者之辭謂一本止作从女合無聲字也段注以爲別一義惑矣

㜸媞也秦晉謂細爲㜸案下媞篆解云諦也諦細義近段引釋訓媞媞安也孫炎曰行步之安也正與方言秦晉之閒細而有容曰㜸義合玉篇引說文作秦晉謂細要曰㜸楚金本從之葢後人不解細字之義妄增要字重誣淺長矣

𡠷至也从女執聲周書曰大命不𡠷讀若摯一曰虞書雉𡠷德清徐氏心田名原箸有檀園字說上下卷未刊云說文𡠷鷙等字鷙字亦同此論皆云執聲案執非聲當从摯省聲摯握持也从手从執會意羍部㚔亦當从摯省聲讀如晉案徐說

是也摯音至至部爲眞部相配之陰聲其入聲爲質部礊从至聲晉至質聲相轉若執字古音入緝部非其聲矣段本知从𠃨執非聲而徑改爲埶蓺鷙褺皆改从埶不知埶聲入祭部仍不得至音也東原別祭於脂段不從然別至於脂則本段說乃自亂其例與

嫛不媚前卻嫛嫛也段桂竝引後漢書曹世叔妻傳視聽嫛輸爲證案陝輸今詞曲家作閃尸文選海賦蝄像暫曉而閃屍注閃屍暫見之貌

毋部㝈止之也从女有奸之者曲禮曰毋不敬釋文引作止之詞其字从女內有一畫象有姦之形禁止之勿令姦大禹謨正義引略同案篆形从女从一如許說似一爲奸之者而止之義不可見其果洨長元文乎竊謂女者在室

之偁从一者閑之以禮詩所謂其儀一兮是也凡非禮者皆禁止之豈獨奸之者而已

厂部厂抴也明也象抴引之形虒字从此段衍明也二字案玉篇厂抴身皃廣韻厂施明也又身皃疑說文廣韻皆有譌衍之字當以玉篇正之手部拕曳也抴捈也捈臥引也儀禮士相見禮舉前曳踵注古文曳作抴是厂抴拕曳四字同義易訟上九或錫之鞶帶終朝三褫之釋文引鄭本褫作拕蓋褫从虒聲虒从厂聲諧聲而義在其中也此解抴下衍也字明乃身字之誤廣韻衍也又二字明亦身字之誤衍此解之抴身也卽廣韻之施身皃皆卽玉篇之拕身皃也施也者斜也史記屈原賈生列傳

庚子日施兮集解徐廣曰施一作斜漢書賈誼傳作斜又越絕書曰昭昭侵以施施亦斜也斜本當作衺然自漢書已以斜字當之矣施身之義見我篆說解曰施身自謂也蓋形體放舒驕惰跛倚之貌孟子施施從外來義亦同此

氏部氐木本从氏大於末讀若厥六書故引蜀本作大於本是也木以下爲本上爲末丅即下字木本也上从氏說解云巴蜀名山岸脅之旁箸欲落墒者曰氏氏崩聞數百里蓋末大於本斯崩矣孟子若崩厥角稽首之厥疑當从此

ㄣ部直正見也从ㄣ从十从目案孟子云聖人既竭目力焉繼之以規矩準繩以爲方員平直不可勝用也直从十取交午平直之形以目切之見其隱曲

匚部匪逷周書曰實玄黃于匪案孟子其君子實玄黃於篚以下似申上篚厥玄黃之義此引以爲逷周書葢古人引書不屑屑於經傳之分也

卵部毈卵不孚也案孚者育子不孚者謂之毈今俗以蛋字當之呼如彈凡卵統名之爲蛋其孚而不育者謂之哺退蛋實卽毈字也

二部二地之數也从耦一案下亟篆解云二天地也而此云地之數者一爲天於上以一配之爲地故曰从耦一

恆常也从心从舟在二之閒上下一（楚金本有一字）心以舟施恆也亙古文恆从月詩曰如月之恆桂云施當爲旋段

注云而心以舟運旋是亦以爲旋字案旋字是也从二者恆象傳曰天地之道恆久而不已也从心者人所以立於天地之閒者也从舟者所謂利有攸往終則有始也或云舟者䑣之省古周旋字舟旋亦終則有始之義也古文恆从月者所謂日月得天而能久照也从月不从日者日兆月月光卽日光晦朔弦朢以月爲候循環不已恆之道也解云从月而字从夕从凡段云轉寫譌舛古文恆直是二中月是也依段說則當从亙木部栭古文亙顏氏家訓以爲彌亙字从二閒舟疑亙卽亙字當爲二閒月也恆字疑當从心亙聲入心部今入二部義重亙也

斗部斟勺也案斟者行斟之器也亦謂之枓史記趙世家襄子使

廚人操銅枓行斟張儀列傳及燕策兹作金斗木部枓勺也枓與斗古通用方言斟汁也北燕朝鮮洌水之閒曰斟汁疑斗字之譌或以左傳斟不與之斟爲羊汁不悟方言汁字之誤耳

車部軌車徹也段注軌之名謂輿之下隋方空處老子所謂當其無有車之用也案考工記轂也者以爲利轉也鄭注利轉者轂以無有爲用也老子三十輻共一轂當其無有車之用正謂轂中空處與輿下隋方兩不相涉不得强爲牽就若輿下隋方之不可以釋軌則王氏石臞糾之矣見經義述聞

辛部辠犯法也从辛自从言辠人蹙鼻苦辛之憂秦以辠似皇字改爲罪案从自从辛者孟子引太甲曰自作

孽不可活孽本作辥辥辠也字皆从辛說解言辠以下
十八字疑皆後人所續
巳部𢀳巳也四月陽气已出陰气已藏萬物見成文章
故巳爲蛇象形㠯用也从反巳案巳篆運筆蓋自下而
上象陽气上達之形㚏部起能立也五經文字云从辰
巳之巳是也巳从反巳者蓋巳篆運筆自上而下順行
故其字爲巳事之巳引申之爲用也丨引而上行讀若
囟引而下行讀若退卽此例
酉部醫治病工也殹惡姿也醫之性然得酒而使从酉
王育說一曰殹病聲酒所以治病也周禮有醫酒古者
巫彭初作醫案天官酒正四飲一曰醫鄭注醫內則所

謂或以酏爲醴凡醴濁釀酏爲之則少清矣醫之字从毆从酒省也葢醫本酒名借爲醫療字元應書六引此解云酒所以治病者藥非酒不散也疑此二句本在得酒而使下當云藥之性得酒而使酒所以治病者藥非酒不散也今本說解殘脫譌亂遂不可通玉篇酉部失醫字類篇醫下有重文毉廣韻集韻平聲七之醫下竝有毉字疑許書本有之此解古者巫彭初作醫（當作毉）七字當系毉字下（逸周書大聚解鄉立巫醫具百藥以備疾災亦以巫醫連文廣雅釋詁醫巫也）乃毉之本字後世假借行而本字廢幷許書重文而失之猶賴此七字未刪得以攷見也

陳書顧野王傳偁所箸玉篇三十卷據梁書蕭子顯傳

乃野王爲太學博士時奉令撰則在大同四年後也本傳大同四年爲太學博士又言太宗簡文帝嫌其書詳略未當命蕭愷更與學士刪改則不待孫強增加唐高宗上元元年而已非希馮元本矣封演聞見記言玉篇凡一萬六千九百十七字未知所據何本至宋眞宗時又命陳彭年與吳銳丘雍等重爲校勘是乃今之大廣益會玉篇也　國初澤存堂張氏楝亭曹氏皆云據宋本重刊曹本較張本多大中祥符六年勅一葉又卷末五音紐弄圖後多羅文反據五行其它脫漏舛誤之處一一皆同蓋同出一本然此兩本邇來藏書家已視同宋版書賈居奇以爲珍祕又安問宋以前舊本邪

玉篇三十卷凡五百四十二部多於說文者二部蓋刪併者十部哭部入吅延部入廴敎部入攴眉部入目𨛜𨛜字不收其鄉𨞰二字入邑部㱃部入欠亣大之異文不收其奕奘臭奚耎𡘋奰七字入大部弦入弓部其盭紗⿰糹曷三字入幺部又𦣹部者字改入老部而餘皆失收后部刪听入口部而又失收后字其增者十二部十部分出丈又部分出父卜部分出兆冂部分出冘木部分出𣏟朩部分出索后部分出磬几部分出處雲部分出云广部分出弋其畫部改爲書部而以畫字隸之其意似嫌許書部分次弟不清而別爲之類次卒亦不能釐析仍牽制於許書又或失許氏之意未知是否希馮舊目抑亦不免於更張至其重複襍亂正俗混淆大率後人增竄不可

以責希馮也
玉部琫佩刀下飾也珌佩刀上飾案說文琫佩刀上飾也珌佩刀下飾與瞻彼洛矣篤公劉二傳合此上下互易廣韻於珌云佩刀上飾於琫字但云佩刀飾當與此同偶脫下字耳葢皆承桓元年左傳杜注之誤劉炫已規之矣集韻琫珌二字皆注爲下飾類篇因之傳寫誤也

瑑珪有折鄂也案春官典瑞瑑珪注鄭司農云瑑有圻鄂瑑起疏引同釋文圻魚斤反說文瑑圭璧上起兆瑑也圻卽垠字重文說解云地垠也一曰岸也爾雅歲名在酉曰作噩釋文云本或作咢漢書作詻韋昭音圻堮史記天官

書索隱引作作鄂李巡云皆物亞枝起之貌蕚瑑珪邊刻爲隆起說文土部垗畔也垗卽兆字畔與邊同義卽所謂兆瑑亦卽所謂圻鄂也圻與折形近而譌土部圻魚斤切圻堮也正作圻

珋音畱說文云石之有光璧也出西湖中湖當作胡

八部俛無辨切說文音俯頁部頫靡卷切說文音俯案俛从免聲頫从兆聲義同爲俯而音自不同今皆讀爲俯是以音從義也說文頁部以俛爲頫之重文鼎臣本云或體楚金本云俗字音皆同俯此所引說文音疑皆陳彭年所增二徐之音也然頫音靡卷切轉兆音以從免則古音部分直不可據之物矣

頁部顉頭薇顉也案說文作蔽顉廣韻引同此作薇誤

口部呴所律切史記曰楚先有熊呴是爲蚡冒類篇同

案廣韻集韻入聲六術皆無呴字集韻平聲十八諄呴字乃詢之重文今

史記楚世家作熊呴徐廣音舜索隱引玉篇在口部而

云劉音舜意似以徐音爲非則劉本從玉篇不音舜疑當音爲率今本傳寫誤也眴字廣韻集韻兩收於平聲十八

諄去聲二十二稕與徐音合从旬聲之字未見有轉入

聲者疑呴實眴之壞文玉篇本音所津切譌爲律字耳

又部父案說文父字在又部今弟三卷既別立父部何

又重出於此蓋後人妄增

足部踦恐人踦乃身迂乃心案此尙書盤庚篇文也踦

今作倚說文踦一足也方言踦奇讀如奇偶之奇也皆有偏義近於倚此訓踦爲曲義稍別

龠部龠樂之所管三孔以和衆聲也詩云左手執龠今作籥案說文本作樂之竹管所譌字執龠字蓋希馮所見古本如此今作籥三字當是後人所增籥說文云書僮竹笘也非管龠字俗流傳誤耳

木部槅大車軛也案槅字何獨襍出楔柹二字之間蓋爲後人竄亂極矣

桲蒲骨切今連枷所以打穀也案此卽說文柫字

梔黄木可染也案黄木可染者乃梔也已見前此因說文誤作梔後人以爲希馮本未備而增之

槐又守宮槐葉晝聶合而夜忼布者案忼當作炕爾雅釋木釋文炕顧云張也今火部炕下但云乾極也炙也疑有脫文

㮇木杖木當爲火廣韻不誤

艸部草下引說文一曰樣斗案今許書作象斗子而木部栩其實皁（即草字）一曰樣樣栩實蓋象樣聲近方音流變

艸部姅誤甚多略舉之如蒠非蒠菜非當從爾雅作菲苷甘草當從說文作甘草蒷四月生蒷秀也生當從夏小正作王說文亦作王蒷蘈葳蘈實垂皃實當從說文作華葙字誤从木當從說文作蒩萅雜也雜當從說文

作推薠青蘋也似蘋而大案說文薠青薠也似莎張揖注子虛賦云青薠似莎而大此文上蘋字當作薠下蘋字當作莎艼艼熒也蔄艼熒也爾熒字皆當依說文作熒菌地菌當依說文作地蕈莎莎草也蒿雜樹也案說文莎鎬侯也爾雅薃侯莎此蒿乃薃字之壞文下脫侯字雜樹二字當衍薃莎草一名莎侯當作薃侯䒧薴草薴草亂也案說文䒧䒧薴皃疑各有脫字當作䒧薴草亂皃蕄爾雅云存存蕄蕄在也今釋訓作存存萌萌郭注未見所出釋文云萌或作蕄蓋本此

薊薊草時人取根呼爲蜀夜干合治喉痛案取根二字疑當在蜀夜干下此卽射干也陶隱居本草注云射干

方疑下脫書字多作夜干今射亦作夜音然則射字當讀如僕射之射

蔋詩云旱既太甚蔋蔋山川蔋蔋旱氣也本亦作滌案蔋說文作蔋廣韻有蔋莊云草木盡死也無蔋集韻兩收之未決其孰誤也本亦作滌疑後人據今本毛詩增

芿草芟陳者又生新者艿說文曰舊草不芟新草又生曰艿案芿卽艿之俗字當移艿下爲重文乃一音而證切一音仍蓋隨見增綴以多爲貴不復檢覆全書此類不可枚舉至如薔菩等字之前後複出不足論矣

禾部稷重文稯不成字當從說文作稯案穖禾也誤从木當从說文作案

臼部晚乃臽之或字亦見說文當次臽下今次臽下音義皆乖此校者之失也

爨部字當从𦥑今竝从𦥑黑部當从囪今竝从田且全書从黑之字皆作黒刊小學書乃如是其憒憒乎

九部尪於干切辛苦行不得皃諸字書韵書無此字葢尪字之譌集韻尪介郎九於寒切股也類篇同廣韻尪古寒切注云尪服服卽股字之譌說文九部有尪字訓股尪也乙于切字本从于後世誤从干遂又有此尪字而㚼爲之音玉篇類篇廣韻集韻皆尪尪兩收不省其爲一字矣

犛部氂犛牛尾此字从毛从犛省聲當作氂今从尾因

注而誤也又見毛部作氂不誤
隹部雉城高一丈三尺爲雉案考工記匠氏鄭注雉長三丈高一丈此三上脫長字又誤丈爲尺
鼠部鼨注郭璞曰山海經說獸云狀如鼣鼠案此爾雅注也鼣卽鼨字誤
黽部鼀鼀進也案鼀字本从它篆𠃨起筆稍曳之隸變作鼀今俗書皆然實非也說文黽舊也蓋取雙聲爲訓此作進誤
糸部紩累也累乃素字之誤
支部鈘几贏切支垂案此字本作𢧵正文譌从缶而注又釋爲支垂致不可解類篇支部𢧵椕垂切攱𢧵不齊

而部無⿰令攴字支部出⿰令攴鈙二字云渠金切說文持也或从金又枯含切⿰令攴敧不齊又其淹切又其嚴切又巨凡切集韻五支株垂切⿰垂攴下注作⿰含攴⿰垂攴不齊二十三覃枯含切⿰令攴下注作⿰令攴敵不齊二十六嚴其嚴切二十九凡巨凡切⿰令攴下竝作⿰令攴敧不齊廣韻五支竹垂切⿰垂攴下注作⿰含攴⿰垂攴不齊蓋支攴形近易混⿰令攴⿰含攴亦皆誤文敧乃敧之譌敵又敧之譌也竊疑⿰垂攴卽說文⿰危攴字⿰危攴嘔也玉篇⿰危攴傾低不正亦作敧此敧字下亦云今作不正之⿰危攴說文敧持去也鈙持也則鈙敧二字竝有持義金今同音故从从其聲者多通用不正與不齊義亦相近攴支義皆从又支危垂古音本同部故敧亦作⿰垂攴也

十部切說文作切此从刀誤

莫君友芝之言玉篇女部失毋字糸部失孫字今檢禾部失積字米部失穈字酉部失醫字若細校之凡說文所有而此闕者恐不少也

舒蓺室隨筆卷三

舒藝室隨筆卷四

南匯張文虎孟彪

向承湘鄉曾文正公命作校刊史記集解索隱正義札記閒有所擬議而不當入記者輒別識之如左

夏本紀山行乘檋漢書溝洫志檋作梮如淳云以鐵如錐頭長半寸施之履下以上山據此則卽今之屐也檋梮同紀錄反今音屐爲渠戟反葢其轉音河渠書作橋疑屩之借字說文屩屐也屐屩也是橋亦屐矣（說文無檋字梮字作山行乘樏又別一說）

左準繩右規矩案準所以求平繩所以求直規矩所以求高低遠近治水者宜測量地形水勢以施功故一日

不可離集解引王肅云左右言常用也意尚明了小司馬乃云左所運用堪爲人之準繩右所舉動必應規矩也眞夢囈矣

載四時案此謂測中星候晷景漏刻定方向四時當時亦必有其器故云載集解引王肅云所以行不違四時之宜也葢得其意周禮太史抱天時與大師同車葢亦其器而鄭司農解爲抱式則術家所用矣

周本紀宣王卽位二相輔之修政法文武成康之遺風諸侯復宗周案二相卽上云召公周公也據國語韋注召公卽召虎而周公無攷史敘宣王中興止此十八字凡詩所偁北逐玁允南征荆蠻及吉甫方叔之倫槪不

書蓋宣王不終史祇依國語作紀故多闕略西周恐倍秦與諸侯合從集解引文穎曰關東為從關西為橫孟康曰南北為從東西為橫正義云關東地南北長長為從六國共居之關西地東西廣廣為橫秦獨居之案從有聚義說文從隨行也引申為從橫之從故賈生曰合從締交橫有散義解如橫決之橫故賈生曰從散約解合眾攻一曰從散眾事一曰橫漢書敘傳云及至從人合之衡人散之樂毅列傳於是使毅約趙惠王別使連楚魏令趙嚪說秦以伐齊之利諸侯害齊湣王之驕暴皆爭合從與燕伐齊是不得執東西南北長廣之勢以釋從橫矣

秦本紀惠文君十三年四月戊午魏君為王韓亦稱王

案上文四年已書齊魏爲王此年是秦惠稱王之歲魏字衍文表同今刊本已依志疑删至韓爲王尚在後二年表在韓宣惠十年世家在十一年此韓亦稱王四字亦衍文也索隱於上齊魏爲王注齊威王魏惠王不誤正義於此文嫌魏重出乃注云魏襄王韓宣魏王不辨其爲衍文耳

秦武王三年案水經渭水注引秦本紀武王三年渭水赤三日秦昭王三十四年渭水又大赤三日漢書五行志亦有此文引作史記曰今惟上一條見秦記而本紀皆無之豈佚文與

昭襄王八年使將軍芈戎攻楚取新市齊使章子魏使公孫喜韓使暴鳶共攻楚方城取唐眜案六國年表楚

懷王二十八年秦韓魏齊敗我將軍唐眛於重丘當秦昭襄六年楚世家亦云二十八年秦乃與齊韓魏共攻楚殺楚將唐眛取我重丘而去與年表合而此紀書於此年則當楚懷王三十年不知孰誤

九年奂攻楚取八城殺其將景快景快疑即景缺說見札記十年楚懷王入朝秦案取楚八城六國表在八年楚世家同是爲懷王入秦之歲而此紀又分隸九年十年則於表當楚襄之元二矣

秦始皇本紀十年齊人茅焦說秦王曰秦方以天下爲事而大王有遷母太后之名恐諸侯聞之由此倍秦也案說苑載此事云陛下車裂假父有嫉妬之心囊撲兩

弟有不慈之名遷母咸陽有不孝之行謂毒曰假父謂其所生子曰兩弟而黜之曰不孝直面辱呂政豈有不逢其怒者此非事實史公所述勝中壘多矣

以人魚膏爲燭正義引廣志云鯢魚聲如小兒啼有四足形如鱧可以治牛出伊水案治牛疑誤然水經伊水注引亦同此北山經云決決之水其中多人魚其狀如鯑魚四足其音如嬰兒食之無瘕疾郭注或曰人魚卽鯢也似鮎而四足聲如小兒啼然則牛乃瘕字誤

項羽本紀漢皆已入彭城收其貨寶美人日置酒高會案沛公一入秦宮卽欲留居今入彭城又復如此亦無異於淫昏之主此范增所云貪財好美姬者也宜其爲

羽所破幾至滅亾哉史公於此二事不著之高紀而見之羽紀及留侯世家此爲高諱而仍不没其實旁見側出謂之良史不亦宜乎

漢王乃封侯公爲平國君匿弗肯復見曰此天下辯士所居傾國故號爲平國君正義引楚漢春秋云上欲封之乃肯見曰此天下之辯士所居傾國故號爲平國君案匿弗肯復見與上下文不相接漢書高帝紀無匿弗以下二十一字疑後人依楚漢春秋竄入而注中乃肯見三字又卽匿弗肯復見之誤略已見札記猶未竟其說也

楚兵且破信越未有分地其不至固宜案此事不書於

高紀不書於留侯世家信越列傳而書之羽紀者明非此不能破羽也然信越死機則已伏於此

呂太后本紀代王立爲天子二十三年崩諡爲孝文皇帝案孝文自有紀何爲豫書崩年諡法於此二十三年以下十一字蓋後人妄增然史文中類此多矣粱氏志疑輒爲駁黜獨遺此條何與

孝文本紀二年十一月晦日有食之十二月望日又食之案日無比食之理望無日食之事漢書文帝紀五行志皆不書十二月之食下文帝詔亦祇言十一月晦日食以今癸卯元術上攷是年十二月癸卯朔（顓頊術同漢書紀志竝爲十一月癸卯晦則又合殷術）太陰交周六宮〇一度〇四分二十

九秒入食限蓋史文失書日名而是月望太陰交周初宮十六度二十四分三十六秒月亦入食限月食例不書豈連類而及之邪

景帝紀後二年爲歲不登禁天下不造食不造食集解索隱正義皆無注案疑造乃竈之假借字周官大宗伯太祝掌六祈一曰造鄭注故書造作竈龜策傳卜先以造徐廣曰音竈造與竈音近相借（詳見王氏管子禳志）不造食如今之行竈爾雅煁烓也郭注今之三隅竈說文烓行竈也煁烓也小雅白華樵彼桑薪卬烘于煁則古已有之禁不造食者行竈苟且不成竈竈列五祀尊竈所以重飲食也

三代世表后稷生不窋案國語自后稷之始基靖民十五王而文始平之韋注十五王后稷不窋鞠公劉慶節皇僕羌弗今史本作差弗毁隃公非高圉亞圉公叔祖類太王王季文王蓋卽本於史記而史記實據國語十五王謂不窋以下若合后稷則十六矣此韋注之誤然棄當堯舜之時歷夏十七世商二十九世而周僅十六世必無此理祭公謀父曰昔我先王世后稷及夏之衰棄稷不務我先王不窋用失其官不窋當夏之衰其非棄子明甚卽以太子晉所言徵之亦非謂十五王直接棄粱氏志疑謂史公承國語之誤子晉周之子孫何至數典而忘自是史公誤讀國語非國語誤也漢書古今人表尚有辟方公非子夷竢高圉子雲

都子亞圉路史發揮有台璽子后稷叔均子台璽疑猶不止此但古書亾不可攷耳而史獨著不窋至文王十五世以合國語之文不知后稷乃官名棄始爲之而子孫世其職至不窋而廢豈謂棄爲后稷一傳而遂失之哉自史公紀表有此駁文鄭氏詩譜因之而周初世系從此亂矣

黃帝終始傳曰漢興百有餘年有人不短不長出自燕之鄉案霍光事何與於三代世表此褚少孫續貂之尤鄙謬者漢書儒林傳王式爲昌邑王師以詩諫聞少孫乃其弟子是生當宣帝之世光薨於地節元年霍禹謀反於四年少孫此記當在霍氏盛時霍氏敗後必不敢爲此造爲

妖言將以取媚玷其師甚矣

十二諸侯年表晉靈公夷皐元年單本索隱出正文作晉靈公蜴注云音亦系家及左傳名夷皐此葢誤也案夷皐二字不得誤爲蜴疑蜴本作睪睪羊益反古睪字每與皐相亂皐譌爲睪音近誤爲蜴夷睪亦聲之轉

六國表趙成侯五年魏敗我懷六年敗魏涿澤圍魏王案趙成侯五年當魏惠王元年六年當魏惠王二年也魏世家言初武侯卒也子罃與公中緩爭爲太子韓趙用公孫頎說合軍伐魏戰於濁澤即涿澤趙世家作喙澤魏氏大敗魏君圍葢猶魏武侯十六年事及惠王二年乃敗韓于馬陵敗趙于懷而表及世家皆以敗懷爲成侯五年

或冬春之閒戰非一時史文略之至涿澤之戰及圍魏王事斷不得屬之趙成六年魏世家此年方兩敗韓趙豈得被圍若謂衰文錯寫則趙世家亦如此若謂有兩次圍魏則前圍何以不書此不能爲史公解矣

魏襄王元年與諸侯會徐州以相王案杜氏左傳後序引汲冢紀年篇惠王三十六年改元從一年始至十六年而偁惠成王卒云云然則此年爲惠王改元之年自此以下十六年卽史記襄王之年也其自十六年後但偁今王至二十年止謚作書時未卒故不偁謚而杜氏彊以史表年次命之爲哀王則非也魏世家集解引世本惠王生襄王而無哀王索隱亦云系本襄王生昭王

無哀王高誘注呂氏春秋審應篇云昭王襄王之子顧氏日知錄云襄哀字近史記誤分爲二梁氏志疑以爲稱王故改元與秦惠王改元同又云惠王自言西喪地於秦七百里南辱於楚玫襄王後五年予秦河西地後七年盡入上郡於秦後十二年楚敗魏襄陵所言正指此據此則孟子至梁當在惠王後十二年後史文乃綴於前三十五年相去遠矣惠王在位五十二年竹書今王卽襄王或作哀王者猶十二諸侯表以秦哀公陳哀公爲襄公也案梁說甚辯無以易之通鑑考異亦謂紀年魏史所記魏事必得其眞故於周愼靚王二年書梁惠王薨襄王立足正史文之譌馬氏繹史表亦依通鑑

齊宣王十年楚圍我徐州案越世家云當楚威王之時越北伐齊齊威王使人說越伐楚楚威王大敗越北破齊於徐州楚世家云威王七年齊田嬰欺楚（即說越伐楚事）威王伐齊敗之於徐州令必逐田嬰又齊策云楚威王戰勝於徐州欲逐嬰子於齊又云齊封田嬰於薛楚王聞之大怒將伐齊又云靖國君（即田嬰）善齊貌辨舍之上舍數年威王薨宣王立靖郭君之交大不善於宣王辭而之薛云云是楚圍徐州當齊威王時甚明史以宣侵威年故以圍徐爲宣王十年事又以湣侵宣年故以燕噲子之之亂爲湣王事通鑑損宣前十年以益威損湣前十年以益宣故以馬陵之戰爲威王三十九年徐州之

圍爲威王四十六年以破燕之舉爲宣王十九年皆與國策孟子合惟田嬰封薛史以爲湣王三年通鑑書於周顯王四十八年爲齊宣十二年似未契勘於國策田敬仲世家索隱引紀年云威王十四年田盼伐梁戰馬陵孟嘗君列傳索隱引紀年云梁惠王後十三年齊威王封田嬰於薛年次雖不合而皆以爲威王時事

韓宣惠王十年君爲王燕易王十年君爲王同周顯王四十六年也而秦紀韓爲王書於秦惠文十三年當周顯王四十四年韓世家韓宣惠爲王在十一年當周顯王四十七年惟楚世家韓燕爲王竝書於懷王四年與表合史文參錯甚矣

秦楚之際月表二世二年後九月徐廣曰應閏建酉案

術九月壬戌晦霜降後月丁丑立冬十月壬辰朔小雪正當閏建戌

漢二年四月王伐楚至彭城壞走（中統本吳校金板同）前作札記因它本多譌壞作懷據傳寬傳疑爲走懷之誤及讀漢書王莽傳云大眾崩壞號謼乃悟此壞走字不誤葢直不戰而潰前說非是

後九月徐廣曰應閏建巳案顓頊術建未後一月無中氣

高祖功臣侯年表闕氏侯馮解敢索隱云闕氏縣名屬安定案漢書地理志安定郡有烏氏縣師古音氏爲支與闕氏聲相近然安定郡武帝元鼎三年始置高祖時

竝未有此縣水經清漳水注引司馬彪袁山松郡國志言涅鄉縣閼與聚漢高祖八年封馮解散（漢表作散）亦爲（本有閼與二字戴校刪）侯國漢書地理志上黨郡有涅氏（郡國志縣止作涅）閼與即趙奢破秦兵處也馮奉世傳馮亭上黨潞人與趙括距秦戰死長平宗族繇是分散或留潞或在趙疑解散亦馮亭族上黨乃其故鄉故封之於此酈說當有所本

戴敬侯彭祖單本索隱出正文秋彭祖注云漢表作祕音轡韋昭云符蔑反非也今檢史記諸本並作秋今見有姓秋者案漢表戴敬侯祕彭祖師古曰今見有祕姓讀如祕書而韋昭妄爲音讀非也然則漢書舊有音讀

如小司馬所引而今本失之然韋昭時未有反切恐傳者之誤顏氏亦不暇辨矣王氏禩志以祕字爲非然廣韻六至祕又姓西秦錄有僕射祕宜元和姓纂祕漢初功臣祕彭祖傳七代西秦錄有僕射祕宜陽湖孫氏云西秦錄作宣與廣韻合而廣韻十八尤秋又姓宋中書舍人秋當是所見史本作祕不作秋故秋姓下獨引當而不引彭祖也至小司馬所見本自作秋而今本合刻並作祕又妄人所改

惠景閒侯者年表章武孝文後七年六月乙卯景侯竇廣國元年案孝文崩於六月己亥乙卯在其後十六日則章武南皮兩侯皆景帝所封故班表屬之景

建元以來王子侯表扶浸浸字誤當作洓已見札記或疑浸當爲濅說文濅水出魏郡武安東北入呼沱水地理志魏郡武安又有濅水東北至東昌入虖池濅今本作浸或作濅焉知浸非濅之壞文案自夌以下二十侯皆城陽頃王子所封不出故地豈此侯獨封於魏郡班表明著琅邪濅水不聞南繞其爲洓字之譌無疑小司馬不能據班表以訂正而音浸爲浸作班馬字類者遂於去聲沁韵出浸字引此爲證亦太疏矣

禮書仲尼沒後受業之徒沈湮而不舉或適齊魯或入河海正義引論語大師摯章爲證史公意未必卽指此然師摯諸人雖非弟子而當孔子反魯正樂或得奉教

於左右執弟子禮未可知觀語魯大師樂及韓詩外傳師襄僃夫子可見

歆金氏輔之云見所校嘉靖丁酉廣東崇正書院重修本漢書眉上海甯唐君仁壽所藏也孟堅刑法志實本子長律書之旨古者師出以律故名爲律書蓋卽兵書也褚少孫妄作輒以律書補之坿會周官執同律以聽軍聲之説與子長作書本旨剌謬殊甚案金説是也自漢書以律秝同志後代之史多效之皆以爲本於孟堅不知孟堅實本子長其自序秝書云律居陰而治陽秝居陽而治陰律秝更相治閒不容翲忽據此知今本律書十二律名義及律數分寸史公元文必在秝書其篇首王者制事立法物度軌則壹稟於

六律六律爲萬事根本此四句當爲秝書起首之文正孟堅律秝志所本其下文書曰七正二十八舍云云至終篇皆秝書之文中閒兵者聖人所以討彊暴以下至孔子所稱有德君子者邪則律書本文葢史公此篇明聖人不得已而用兵之故以爲窮兵黷武民不聊生及將兵失律者諷故不曰兵書而曰律書續貂者不知其意徒見律書殘缺輒割裂秝書之半以足之又自覺其不可通乃妄撰其於兵械尤所重以下至何足怪哉凡六十字以聯絡之謬矣史公自序總論八書別兵權於律秝之外小司馬云兵權卽律書也遷沒之後亾褚少孫以律書補之又似八書外别有律書者由不悟律秝

同篇而法律樂律字同義異也
推孟春以至季冬殺氣相幷而音尙宮孟春季冬文當互易已見札記音尙宮之說蓋坿會國語伶州鳩之言七律然此亦非少孫所能爲蓋少孫所自撰惟其於兵械尤所重七字及百王不易之道也七字同聲相從物之自然何足怪哉十二字耳餘亦皆剿襲它八者
秝書招致方士唐都分其天部而巴落下閎運算轉秝案漢志敘造太初秝首選鄧平又云詔遷用鄧平所造八十一分律秝則太初秝固鄧平主之而此文祇及都閎疑有殘闕
朕唯未能循明也紬績日分率應水德之勝今日順夏

至案紬績日分句與上下文義不接漢志云依違以惟未能修明其以七年爲元年遂詔卿遂遷與侍郎尊大典星射姓等議造漢秝則此循明也下當有脫文又牽應水德之勝句與上下全不相涉亦有脫誤循當爲脩至當爲正已見札記

十一月甲子朔旦冬至已詹其更以七年爲太初元年年名焉逢攝提格案此未定秝時語也太初元年六秝皆在丁丑而此云焉逢攝提格者以元封六年概之也元封六年歲星在星紀之次合於歲陰在寅之文故云已得上元本星度而是年十一月甲子朔旦冬至至朔同日又古法相傳上元起甲寅爾雅釋天歲陽首閼逢歲名首攝提格是其證

武帝好儒慕古改秝以爲名高遂據以爲元首不知元封六年可名焉逢攝提格而不得以之偁太初元年也詳見卷五

秝術甲子篇案此篇或以爲褚少孫所補或以爲褚取秝官舊諜綴之以太初元年爲秝元仍用四分術氣朔分演算粱氏志疑王氏太歲攷皆以爲殷術不知殷術是年入天紀乙酉蔀弟二章首歲名丁丑天正氣朔皆有餘分四之三不得爲元首幷不得爲殷術反覆思之則疑此卽史公與壺遂等初受詔改秝時所定也葢帝詔直以元封六年十一月甲子朔旦冬至爲秝元不復計及餘分遷遂等依違承詔徒以歲星在丑則太歲在

寅命爲焉逢攝提格其餘仍用舊氣朔分黃帝術以下六術皆同四分推算以爲太初新秝不能它有所更格周秝太初元年入地紀弟一蔀首甲子朔旦冬至氣朔皆無餘分正與此合迨鄧平改定破紀法八十章爲八十一而謂之統法一元之終多五十七年不得復其歲名歲餘朔餘皆彊於四分當時蓋亦以氣朔餘分爲嫌而無法消弭之故漢志言姓等奏不能爲算逮鄧平定秝增其小餘以四千六百十七年爲元法餘分適盡蓋得之巧算而卽以此爲張壽王所詆詳卷五而改歲星與日同次之斗建命爲歲在困敦此據十一月朔之星次耳其實此時歲星在婺女六度逮至婺女八度歲星自丑度子太歲則自子度丑矣史公心有所不善焉特以詔用平術漢志云迺詔遷用平所造八十一分律秝不敢執舊法以爭故於秝書存此篇以見意自焉逢攝提格至祝犁大荒落凡七十六歲合一蔀之數小司

(馬謂太始征和以下竝褚先生所續非也)其歲名下本不著年今本有者後人增之(已見札記蓋惟本不著年故索隱正義每注於下若史文已具則注爲贅矣)然則前文不及鄧平又詔更七年爲太初元年下不復詳定秝終始蓋有故焉非闕略也

錢少詹謂古以歲陰紀歲後世易之以太歲王氏太歲攷謂歲陰即太歲特命歲有兩法言之甚詳蓋歲星昭昭可覩而太歲無可表見故取其應歲星日躔之斗建以命之或以晨見爲徵(日加丑之時)或以同次爲始然據左傳春秋時惟以歲星紀歲無言太歲者歲在涒灘之文獨見呂覽而年次不合(見卷六)以歲陽歲名紀歲惟此篇爲備其法則見於天官書猶告朔之餼羊乎

天官書星動角益希及五星犯北落入軍軍起火金水尤甚火軍憂水患木土軍吉案既云火金水尤甚而其下祇言火水不及金蓋脫文疑火軍憂火下當有金字漢書天文志作火入軍憂上已云入軍則此入字爲贅疑卽金字之誤正義云金火守有兵則知本有金字當作火金軍憂史漢文同水患句當重水字作水水患已見札記

歲行三十度十六分度之七案依此則歲星行十二歲適積三百六十五度四分度之一故可以右旋而紀歲亦可立太歲卽史公所謂歲陰見太歲攷左旋相應以紀歲而無如歲星之行後世漸疾當春秋時已見其端襄二十八年左傳梓愼曰

歲在星紀而淫於玄枵詳見太歲攷故劉歆設爲超辰之術此歆所立以說春秋者非太初本法謂歲星每歲常行之外又贏百四十四分之一歷百四十四年而超一辰則太歲亦應之而超夫後世不以歲星紀歲超次而民不知若太歲亦應之而超將今歲在子而明歲在寅何以示民且歲星亦何超辰矣哉遲疾順逆參錯於兩辰閒不能無歧出漸積至侵一次皆係實行何嘗有由析木而徑跳至玄枵者故超辰之法不可以施於太歲而超辰之說幷不可以言歲星月倉始日五月者六六月者五五月復六六月者一而五月者五凡百一十三月而復始索隱云依此文唯有一百二十一月與元數甚爲懸校本據此語意似所見史本不止云凡百一十

三月既無太初秝術不可得推而推而疑倒定今以漢志統秝法統上脫三字計則六月者七五月者一又六月者一五月者一凡一百三十五月而復始耳以上據毛刻單行本其王柯𧶲等諸合刻更昏亂矣案史文當云六月者七五月者一又六月者七五月者一又六月者六五月者一凡百三十五月而復始今既謬誤而小司馬注亦有脫文錢氏攷異爲之訂補矣乃誤以首六月者七置於末中閒又六月者七與下又六月者六互誤札記已正之又小司馬謂無太初術不可推定今以三統秝法計云云不知三統術卽太初術也漢志明云閼平法一月之日二十九日八十一分日之四十三是卽統母之月法二千三百九十二矣又

云詔遷用鄧平所造八十一分律秝續漢律秝志云自太初元年始用三統秝又賈逵曰太初秝冬至日在牽牛初牽牛中星也又曰太初秝斗二十六度三百八十五分（今漢志脫度下餘分）牽牛八度皆與今漢志合葢歆用太初術以證左傳其所爲世經損夏益周橫斷年數（見續漢志）又增歲星超辰術以求密合它無所更革幷三統之名亦太初術所本有（八十一章爲統則三統爲一元）而非歆所定也若謂史公不用平術則食限五月又二十三分之二十太初與四分諸術皆同又非史公所能別定矣今自食限起算之初至其一終凡百三十五月列爲譜如左以釋讀史者之疑（命一月爲二十三分累加之盈百三十五爲入限有餘以入後食）

一二三四五六倉餘三一二三四五六倉餘六一二三四五
六倉餘九一二三四五六倉餘十二一二三四五六倉餘十五一二
三四五六倉餘十八一二三四五六倉餘二十一一二三四五倉餘
一一二三四五六倉餘四一二三四五六倉餘七一二三四
五六倉餘十一二三四五六倉餘十三一二三四五六倉餘十六一
二三四五六倉餘十九一二三四五六倉餘二十二一二三四五
倉餘二一二三四五六倉餘五一二三四五六倉餘八一二三
四五六倉餘十一一二三四五六倉餘十四一二三四五六倉餘十七
一二三四五六倉餘二十一二三四五適盡
封禪書武王克殷二年天下未寍而崩案金縢王翼日
乃瘳下云武王既喪此史臣欲終紀金縢之事故牽連

書之非謂武王暫瘳旋仍崩也魯世家云明日武王有瘳其後武王既崩猶依寫經文至周本紀云武王有瘳後而崩辭意已不達此乃直云克殷二年而崩然則三卜習吉之兆三王特以紿周公邪劉歆謂克殷七年而崩别有攷論

吳太伯世家夫子獲罪於君以在此懼猶不足而又可以畔乎索隱引左傳曰而又何樂此畔字非其義案皇矣詩無然畔援箋訓拔扈蓋聲之轉卷阿之伴奐箋訓自縱弛說文伴大也段氏云方言廣雅孟子注皆曰般大也亦謂般卽伴此皆聲近相借然則畔得讀爲般樂之般矣攷異謂畔乃胖字之借大學心廣體胖鄭注胖

猶大也則胖與伴亦同義

齊太公世家蒼兕蒼兕索隱引馬融曰蒼兕主舟楫官名論衡亦引其文蒼兕者水中之獸善覆人船云（索隱引云蒼兕者水獸九頭）葢兕本水獸又善奔突故以名其水軍猶秦官名犀首矣（犀兕同類）

魯周公世家於是乃卽三王而卜卜人皆曰吉發書視之信吉周公喜開籥乃見書遇吉案金縢乃卜三龜一習吉啟籥見書乃并是吉葢三龜一習吉卜人之言證之以兆書果皆吉也史依寫經文而發書六字與下文義複疑是旁注誤混

周公乃告太公望召公奭曰案經但云二公疑不得有

太公據齊世家武王已平商而王天下封師尚父於齊營丘東就國道宿行遲逆旅之人曰吾聞時難得而易失客寢甚安殆非就國者也太公聞之夜衣而行犂明至國萊侯來伐與之爭營丘云云又言成王少時管蔡作亂淮夷畔周乃使召康公命太公云云本篇又載太公封於齊五月而報政後伯禽封魯三年而報政周公乃歎曰魯後世其北面事齊矣伯禽卽位之後有管蔡等反也然則太公受封後卽就國不在王朝未知二公者其一爲誰孔沖遠以爲時畢公爲太傅想當然耳

趙世家主父及王游沙丘異宮案異宮二字爲句謂主父與王不同居也蓋此時主父與王及公子章竝在沙

巨而王別居故章得以主父令召王正義以異宮連上爲文是誤解爲離宮矣

趙與燕易王以龍兌汾門臨樂與燕案續漢志涿郡北新城有汾水關注引史記趙與燕汾門水經易水注云其水又東逕西故安城西又東流南逕武隧即遂城縣南新城縣北俗又謂是水爲武隧津津北謂之汾門史記趙世家孝成王十九年與燕易王以龍兌汾門與燕鄚此也亦曰汾水門葢汾門之偁舊矣據劉酈所注甚顯而張守節乃引括地志所襲滱水注之龍門以當之謂汾字爲誤傎矣

田敬仲世家齊威王七年魏伐我取薛陵案此年衛聲

公元年也趙伐魏取都鄙七十三救亾不暇豈能伐齊此年各國亦無伐齊事薛陵地亦無攷殆誤也

留侯世家樊噲諫沛公出舍沛公不聽集解引徐廣曰一本噲諫曰沛公欲有天下邪將欲爲富家翁邪沛公曰吾欲有天下噲曰今臣從入秦宮所觀宮室帷帳珠玉重寶鐘鼓之飾奇物不可勝極入其後宮美人婦女以千數此皆秦所以亾天下也願沛公急還霸上無留宮中沛公不聽案此諫甚切今本過略不知何人所刪漢書亦沒其語非史法也宜著之噲傳

陳丞相世家其計祕世莫得聞集解引桓譚新論云彼陳平必言漢有好麗美女爲道其容貌天下無有今困

忌已馳使歸迎取欲進與單于單于見此人必大好愛之愛之則閼氏日以遠疏不如及其未到令漢得脫去去亦不持女來矣案此靳尚說鄭袖之故事譚襲之以誣陳平此眞所謂薄陋拙惡者也

梁孝王世家子明爲濟川王子彭離爲濟東王子定爲山陽王子不識爲濟陰王案此四句疑非史文乃後人妄增小司馬所據本無故於後分梁爲五國下注之史於濟川等四王皆提明梁孝王子若此處已見則後文屋下架屋矣凡史中似此者可類推

五宗世家河閒獻王德二十六年卒集解引漢名臣奏云孝武帝時獻王朝被服造次必於仁義問以五策獻

王輒對無窮孝武帝艴然難之謂獻王曰湯以七十里文王百里王王其勉之王知其意歸卽縱酒聽樂因以終案武帝好勝自雄其於獻王自知不及而故折以惡語媢哉表書元光五年來朝而卽以此年薨蓋以憂死世家文甚略其有所諱與

老子韓非列傳老子之子名宗宗爲魏將封於段干宗子注注子宮宮玄孫假假仕於漢孝文帝案上文孔子死後百二十九年周太史儋見秦獻公云云其年周顯王十九年也下距漢文帝元年百七十年而宗至假凡七世其年數略相當肰則宗乃儋子於李耳無涉

肰善屬書離辭王氏襍志釋離爲陳引左傳設服離衛

杜注爲證案易彖傳離麗也王輔嗣云麗猶著也各得所著之宜義亦與陳近又疑離乃攡之假借字太玄幽攡萬類玉篇云攡張也說文作摛訓舒也段注引蜀都賦摛藻掞天庭魏都賦摛翰則華縱春葩證之舒張義同與陳義亦不遠摛辭字則後世所常用矣正義云離辭猶分析其辭句徒望文耳

老莊申韓同傳或是之或非之案漢初崇尚黃老景武時猶然而鼂錯諸人又變而爲名法武帝時用法尤嚴於是酷吏興焉史公目擊其獘而爲此傳用意甚深讀者殊未理會而漫云史公進黃老何哉漢書藝文志以管晏入道家蓋亦本史公之意管晏列傳正義引七略則云在法家

司馬穰苴列傳景公召穰苴與語兵事大說之以爲將軍將兵扞燕晉之師索隱注將軍二字云謂命之爲將以將軍也將音卽匠反案小司馬意以春秋時未有將軍之官爾觀下又有將兵云云則上文將軍卽其官穰苴事它無所徵果在景公時否未可知然老子已有偏將軍處左上將軍處右之語則其來久矣篇末云齊威王使大夫論古司馬兵法附穰苴於其中而國策又有閔王殺穰苴事豈同名邪抑傳聞誤邪姑置之

伍子胥列傳吳人憐之爲立祠於江上因命曰胥山正義云吳地記云胥山太湖邊胥湖東岸山西臨胥湖山有古丞胥二王廟按其廟不干子胥事太史誤矣案史記正義單行本已佚此注闕略疑經刪節水經沔水注

云虞氏曰松江北去吳國五十里江側有丞胥二山各有廟魯哀公十三年越使二大夫疇無餘謳陽等伐吳吳人敗之獲二大夫死故立廟于山上號曰丞胥二王也此事亦見左傳在子胥後葢以山名胥而坿會之

白起王翦列傳案起翦同傳不特其功相等即其謝病事亦先後一轍它日再起將兵其所以求自免者用心良苦葢有鑒於起然亦幸而無應侯之忌功耳

平原君虞卿列傳於是平原君乃斬笑躄者美人頭自造門進躄者夫罷癃誠賢乃近在門牆而不知邪斬頭釋憾何不遂引爲上客秦兵壓境此人安在數千客又安在毛遂出下客李同公孫龍皆非客史特寫此三人

以見數千人乃無一人易者

范雎蔡澤列傳雎字宋本毛本作雎漢書人表同它本雎睢禖出黃槩姚本戰國策作睢通鑑作睢集覽音雖案武梁祠堂畫像有范且錢氏跋尾云戰國秦漢人多名且穰且豫且夏無且龍且或加佳旁范雎唐雎案魏策唐睢亦作唐且然則作睢者誤雎相秦昭襄十有餘年而秦本紀六國表絕不書豈史文脫邪

崔杼淖齒管齊射王股擢王筋索隱云言射王股誤意以齊莊公不得儞王也案此承上文尊其臣者卑其主來此兩王字皆主字之譌下又云不爲主計而主不覺悟是其證

樂毅列傳樂閒曰趙四戰之國也其民習兵伐之不可燕王不聽遂伐趙趙使廉頗擊之大破栗腹之軍於鄗禽栗腹樂乘樂乘者樂閒之宗也樂閒奔趙據此是樂乘亦燕將與燕世家合而趙世家書此事以廉頗所虜者爲樂閒粱氏志疑據國策趙使廉頗以八萬遇栗腹於鄗使樂乘以五萬遇慶秦於代之文燕趙世家以破栗腹卿秦皆廉頗事疑策文誤以爲燕世家及此傳皆誤不知國策下文又云樂閒乘怨不用其計二人卒留趙正與此傳下文合又據傳及燕世家樂閒未爲燕將無由被虜自以不聽其言投趙則被虜者實乘趙世家誤爲閒也而其前有與慶舍攻秦信粱事者蓋毅本趙人顯於燕其族往來燕

趙閒時或爲之將惟其所使耳

魯仲連鄒陽列傳案魯仲連鄒陽旣不同時其人品事迹絕不相類此史公合傳之最不可解者自序云能設詭說解患於圍城輕爵祿樂肆志以論仲連似矣何與於鄒陽陽之可取在諫吳王今反不載其書班書載之與賈山枚乘路溫舒同傳斯勝史公矣

刺客列傳家丈人召使前擊筑索隱劉氏云謂主人翁也又韋昭云古者名男子爲丈夫尊婦嫗爲丈人故漢書宣元六王傳所謂丈人謂淮陽憲王外祖母卽張博母也故古詩曰三日斷五匹丈人故言遲是也今本漢書及樂府詩集焦仲卿妻篇丈人字皆作大人如正義所見本案此注與前聶政傳正義

引韋昭大同惟此丈人字彼注竝作大人而俗本又改爲夫人已見札記古無以丈夫相呼者韋意葢以古名男子爲丈夫故尊婦嫗爲丈人比之於男子耳其實不然此傳家丈人自當如劉說爲主人翁不必屬之婦嫗又漢高帝呼太上皇爲大人（見本紀漢書同）齊悼惠王世家魏勃曰失火之家豈暇先言大人而後救火乎正與此言家丈人同意然則丈人大人皆尊屬通偁無別乎男女也

樊酈滕灌列傳噲乃排闥直入大臣隨之上獨枕一宦者臥噲等見上流涕曰始陛下與臣等起豐沛定天下何其壯也今天下已定又何憊也且陛下病甚大臣震

恐不見臣等計事顧獨與一宦者絕乎且陛下獨不見趙高之事乎侃侃數言深切簡括得大臣之體不謂出之於噲也案噲入闥諫沛公出舍至鴻門說項羽理直辭壯足折羽之氣此其人必不肯黨呂后以危劉氏者以須比雉幾與祿產同論冤哉

酈生陸賈列傳人或毀辟陽侯於孝惠帝孝惠帝大怒下吏欲誅之呂太后慙不可以言大臣多害辟陽侯行欲遂誅之案朱建事何足道史公因與其子善而及之然惠帝及漢大臣之欲誅辟陽而不果則賴此而見亦非徒蕪累筆墨也

袁盎鼂錯列傳絳侯爲丞相朝罷趨出意得甚上禮之

恭常自送之徐廣曰自一作目案漢書正作目自乃譌字也丞相得意而帝目送之葢嫌之意露矣葢窺見其微而入毁言小人哉或乃以它日徵繫請室唯益明絳侯無罪以爲古諡不知此益明知文帝仁德必不殺勃因以結勃耳何古諡之有（景帝目送亞夫前後一轍居功名之際者可不慎乎）

魏其武安侯列傳武安侯貌侵集解引韋昭以刻确訓侵音爲核索隱亦引之音确爲刻案确無核刻二音疑本覈字之誤後漢書班固傳肴覈仁義之林藪章懷引詩肴核維旅文選典引李善注引詩徑作肴覈葢本魯詩也小司馬音刻葢劾字之譌玉篇劾一音胡勒切與覈同音然确覈字形不相涉何由致誤

匈奴列傳夏道衰而公劉失其稷官變于西戎邑于豳案國語及夏之衰棄稷不務我先王不窋用失其官而自竄于戎狄之閒周本紀云不窋末年夏后氏政衰去稷不務不窋以失其官而奔戎狄之閒不窋卒子鞠立鞠卒子公劉立公劉雖在戎狄之閒復修后稷之業與國語合此傳固略而言之然已失故步詩譜遂云后稷之曾孫曰公劉者自邰而出篤公劉箋云夏之始衰見迫逐遂遷於豳豈誤會傳文邪

必我行也爲漢患者案也邪古通用蓋中行說本不肎行而彊使之故忿曰必欲我行邪則當敎匈奴擾漢意甚明顯者者語絕之辭今文牘中猶用之俗乃以爲倒

句法云爲漢患者必我也文不成義且行字爲贅矣

平津侯主父列傳弘爲人意忌襍志云意疑也案意億古通意忌猶猜忌也論語毋意毋必不億不信億則屢中意億皆同義小司馬解爲意多有忌害失其旨

司馬相如列傳獸則㺥旄獏犛索隱郭璞云㺥㺥牛領有肉堆音容案今之犛牛也案犛在下文此注犛字蓋犎之譌爾雅犦牛郭注卽犎牛也領上肉犦肰起玉篇犦犎牛也㺥牛肰領是犦卽㺥㺥卽犎牛而犛牛不可以釋㺥今局刊本已正之

枇杷橪柿楟柰厚朴漢書注引張揖曰橪橪支香草也郭璞曰橪支木也師古曰此二句總論樹木不得襍以

香草案此節皆言果類亦不得襍以凡木索隱引徐廣曰棗也（集解棗作果疑誤）又引說文樲酸小棗淮南子伐樲棗以爲矜釋之蓋勝郭注此文所舉除隱夫不可攷（當亦果名）餘皆知爲果李時珍注本草云厚朴實如冬青子生青熟赤有核七八月采之味甘美是亦果也而注家但云藥名失之

淮南衡山王列傳與諸侯王列侯會肄丞相諸侯議案上已云諸侯王列侯則下諸侯二字複衍矣索隱本出正文會肄丞相者蓋此是詔語因有司之請而命其與諸侯王列侯同詣丞相議也者者亦句絕之辭與匈奴列傳中行說語爲漢患者者字同（論語君曰告夫三子者亦同）傳寫

誤作諸淺人妄加侯字已見札記漢書但作與諸侯王列侯議案下文有丞相弘廷尉湯等以聞云云是與丞相會議也

酷吏列傳劾鼠掠治傳爰書訊鞫論報攷異云傳蓋傅之譌傅讀曰附謂附于爰書案錢說是也說文爰引也爰書猶今律文謂可引以治獄也傅者比坿之義周禮小宰以八成經邦法四曰聽稱責以傅別鄭注傅傅著約束於文書比坿云者猶今倆比照某律以定罪也蘇林訓爰爲易已曲小顏承譌字訓傳爲傳逮上已云掠治此乃復云傳逮邪札記簡略故復申言之

大宛列傳河源出于窴其山多玉石采來集解引瓚曰

漢使采取將持來至漢案采來二字連上爲句采當爲采色之采來乃𤥐之借字說文𤥐瓄玉也廣雅作琜瓄玉篇𤥐玉屬也采來謂采色之𤥐王氏廣雅疏證引晉書輿服志九嬪銀印青綬佩來瓄玉來字正可助吾說朕所見本晉書並作采不知王據何本錢氏說文斠詮亦引晉志作𤥐瓄玉此條互見卷二

游俠列傳何知仁義已饗其利者爲有德案已當作己己猶身也謂身受其人之利卽其人爲仁義矣索隱音已爲以非

侯之門仁義存案此謂衆以仁義偁之受其利故也所謂跖蹻暴戾其徒誦義無窮也索隱云言人臣委質於

侯王門則須存於仁義若游俠徑挺亦何必肯存仁義也不知所謂

今拘學或抱咫尺之義久孤於世案此謂拘守志節獨行踽踽不見知於世也索隱云言拘學守義之人或抱咫尺纖微之事遂久以當代孤負我志斷緜而意不達殊多此一注

龜策列傳衛平乃援式而起仰天而視月之光觀斗所指定日處鄉規矩爲輔副以權衡四維已定八卦相望視其吉凶介蟲先見乃對元王曰今昔壬子宿在牽牛河水大會鬼神相謀漢正南北江河固期南風新至江使先來白雲壅漢萬物盡畱斗柄指日使者當囚玄服

而乘輜車其名爲龜案援式而起謂地盤也仰天而視月之光者定時也觀斗所指者正月令也定日處鄉者正日躔也規矩權衡四維八卦者左規右矩前衡後權（義見淮南天文訓及漢書律秝志）謂天盤所加十二辰之位也介蟲先見者謂初傳玄武發用也今昔壬午者日辰也宿在牽牛者日宿在丑也河水大會者仲冬水王又日時干支皆水也漢正南北者夜半時箕斗在子天漢正當南北也南風新至者冬至一陽生也斗柄指日者月建在壬位也使者當四者白虎乘子加壬又玄武乘功曹寅也

今列壬式如左（錢氏十駕齋養新錄以爲奇門之式未然）

句陳　青龍　天空　白虎

虎子壬　酉　戌　亥　子

寅卯辰　常丑子　六合申　丑太常

武陰后　常丑子　朱雀未　寅玄武

武寅丑　午　巳　辰　卯

騰蛇　天乙　天后　太陰

故世爲屋不成三瓦而陳之集解徐廣引一本作棟案作棟是也不成三瓦謂中霤也古者後室之霤正當棟下故云不成三瓦而棟之索隱正義訓陳爲居郢書燕說耳

貨殖列傳必用此爲務輓近世塗民耳目則幾無行矣索隱云輓音晚古通用案說文輓引車也古書未見借

輓爲晚者自小司馬有此注而俗遂書晚近字作輓近以爲古矣不知此文若讀輓爲晚於上下文皆不可通明余有丁云言用此以輓近世之俗此解得之塗民者猶云如塗塗附言近世塗民耳擩目染於聲色嗜欲若必以上古之治輓之不能行也漢書儒林傳申輓師古曰輓音晚葢輓晚同音而義各別

白圭周人也當魏文侯時云云案下文圭自偁其治生產有商鞅行法語商鞅入秦在秦孝公初當梁惠王十年後去魏文侯遠矣呂氏春秋有惠施與白圭匡章問荅則與孟子同時即治水之丹無疑

揄長袂躡利屣案屣即躧字說文躧舞履也或作𩌏上

文云爲倡優女子則鼓鳴瑟跕屣漢書地理志女子彈弦跕躧卽本史文如淳云跕音蹀足之蹀躧音屣臣瓚曰躡跟爲跕挂指爲躧師古云躧字與屣同屣謂小履之無跟者也跕謂輕躡之也師古所謂小履蓋卽此文所謂利屣然則裹足古有之矣跕卽蹀字說文作屟云履中（段本據元應引改作之）荐也段云荐者藉也吳宮有響屟廊東宮舊事有絳地文履屟百副卽今婦女鞵下所施高底夫屟與裹足事本相因裹足則履小矣剡其首故曰利屣履有荐則趾在外而用力在足指故曰躡跟爲跕挂指爲躧師古以爲無跟非也疑裹足跕躧爲旋舞之飾始於倡優而良家效之盧江小吏妻纖纖作細步其

一證也昔人以爲始於南唐殆未攷耳

太史公自序在趙者以傳劒論顯蒯聵其後也正義引如湻云刺客傳之蒯聵也漢書司馬遷傳注引同師古曰蒯苦怪反聵五怪反此以別於衞出公輒案刺客列傳無此人說已見札記左傳之申蒯乃齊人其地其時與此文不相當頃覆校刺客傳荆軻嘗遊過榆次與蓋聶論劒蓋聶怒而目之荆軻出人或言復召荆軻蓋聶曰曩者吾與論劒有不稱者吾目之云云卻疑蓋聶卽蒯聵之誤榆次本趙地古蒯字本作𦺟與蓋字竝從艸𦺟與盇形相涉爾雅釋詁㕟釋文云又作嘳說文耳部聵字重文作𦖞與聶字形皆相涉蓋傳寫錯亂如湻魏時人或尚見史記舊文索

隱云蓋古臘反蓋姓聶名則所見本已譌而史漢諸注家及近來錢王諸老於如注與史文不相讐處孰視若無睹何也

春秋文成數萬其指數千集解引張晏曰春秋萬八千字當云減而云成數字誤也駰謂太史公此辭是述董生之言董仲舒自治公羊經傳凡有四萬四千餘字故云文成數萬也索隱引小顏云春秋經一萬八千亦足稱數萬案三說皆非也說文數計也徐音爽主切蓋云文以萬計指以千計諸人誤讀數字爲數目之數遂多窒礙

不韋遷蜀世傳呂覽韓非囚秦說難孤憤案列傳呂覽

之作在不韋相秦時說難孤憤亦韓非未入秦時所作

此乃自相背違

舒藝室隨筆卷四

舒藝室隨筆卷五

南匯張文虎孟彪

舊讀毛本漢書覺多舛謬其各紀表志日食晦朔月日尤甚以明刻廣東本及汪文盛刊本校之稍勝然積誤相傳亦不能免輒彙識之

高帝紀三年冬十月帝以漢元年十月至霸上遂因秦之舊以爲歲首太初以前皆準此甲戌晦日有蝕之十一月癸卯晦日有蝕之五行志同案比月頻食誤也荀紀祇書前蝕以今癸卯元術上考實十一月甲戌朔顓頊術同殷術乙亥太陰交周初宮十度〇八分十四秒入食限

惠帝紀二年春正月癸酉有兩龍見蘭陵家人井中乙

亥夕而不見案是年正月丙午朔（二術同）二十八日癸酉乙亥則二月朔疑失書（五行志同）又家人二字疑誤倒注云家人言庶人之家亦牽正文而倒然意自不誤

五年八月己丑相國參薨（百官表同）案八月己酉朔（二術同）無己丑史記將相表作乙丑是也乙巳形近而譌

六年冬十月辛丑齊王肥薨十月戊申朔（二術同）無辛丑未知干支孰誤

七年春正月辛丑朔日有蝕之（五行志同荀紀誤作辛酉）案癸卯元術乃年前十二月庚午朔交周十一宮二十三度三十四分三十七秒入食限差至一月疑上年失後九月之誤（六年實閏建戊二術同）然則辛丑當作辛未（二術同）又夏五月丁

卯日有蝕之既五行志云丁卯先晦一日今推六月戊辰朔二術同交周五宮二十七度三十六分入食限

高后紀七年春正月吕粱王吕產爲相國趙王祿爲上將軍案史記粱王產爲帝太傅不云爲相國此時丞相則陳平審食其也將相表百官表外戚傳皆無產爲相國事又趙王恢六月自殺始以封祿事在下文不當豫書在前皆誤也

八年八月庚申案此承史記之文史於上文已書八月丙午此不當重出八月蓋八乃九字之譌將相表九月誅諸呂可證說見史記札記

文帝紀三年冬十月丁酉晦日有食之十一月丁卯晦

日有蝕之案史於十月丁酉晦日有食之下即書十一月詔列侯之國及丞相勃免無丁卯晦日有食之之文班書誤衍癸卯元術十一月丁酉朔太陰交周五宮二十四度○五分五十七秒入食限古卯丣字形近易亂後人莫定遂兩仍之五行志亦承其誤

後四年四月丙寅晦日有蝕之案四月丁亥朔二術同無丙寅五行志作丙辰是也癸卯元術五月丙辰朔顓頊術同殷術丁巳交周初宮○七度十八分三十秒入食限

景帝紀三年二月壬子晦日有蝕之案二月癸丑朔二術同則壬子是正月晦而上已書正月則二字非誤當依五行志作二月壬午晦癸卯元術三月壬午朔交周初

宮七度十二分四十六秒入食限荀紀作二月辛巳朔干支晦朔皆誤

四年十月戊戌晦日有蝕之案十月不當書於七月之後此條五行志無荀紀亦無癸卯元術八月甲辰朔二術竝乙巳太陰交周五宮十八度三十六分四十三秒入食限疑本作七月甲辰晦

中四年十月戊午日有蝕之案此卽上年秋九月戊戌晦日有蝕之之誤衍也癸卯元術十月戊戌朔二術竝同太陰交周初宮十度○十四分三十七秒入食限當移上年所書於此年首云冬十月戊戌朔日有蝕之而當時以爲九月晦書於上年又重出於此年夏蝗秋赦之後誤戊爲午何舛謬至此荀紀同誤五行志不書明年十月壬辰朔

亦入食限又不當書於此

後元年秋七月乙巳晦日有蝕之史記將相表同五行志則云七月乙巳先晦一日荀紀同史記本紀亦不書晦葢當時以丙午為晦而乙巳為晦前一日故百官表書丙午丞相舍死系於七月也癸卯元術八月丙午朔二術竝同交周初宮十四度十九分四十四秒入食限

武帝紀元朔二年三月乙亥晦日有蝕之荀紀作二月五行志作二月乙巳晦癸卯元術三月乙巳朔交周五宮二十一度○二分五十七秒入食限紀誤也

太初二年春正月戊申丞相慶薨荀紀同案三統術正月丁巳朔無戊申百官表作戊寅是史表亦誤

征和二年夏行幸甘泉案上已書夏四月大風發屋折木此夏字重出當衍

四年八月辛酉晦日有蝕之五行志同癸卯元術九月壬戌朔交周初宫十度〇二十分〇四十五秒入食限荀紀作七月辛酉晦誤

昭帝紀元鳳元年秋七月乙亥晦日有蝕之荀紀同案三統術七月庚午朔八月庚子朔乙亥乃己亥之譌五行志正作己亥而下文云劉向以爲己亥然則志文與紀同作乙仍當時史官之誤而劉子政正之今本志作己乃後人依下文改也

四年春正月丁亥帝加元服案三統術年前閏建子正

月丙戌朔丁亥則二日也下乃云甲戌丞相千秋薨百官表荀紀竝同甲戌後丁亥四十七日豈得同在一月百官表下又書二月乙丑御史大夫王訢爲相相上當脫丞字又云二月乙丑大司農楊敞爲御史大夫二月乙卯朔乙丑則十一日也在甲戌前九日此文甲戌二字未知干支孰誤又五月丁丑孝文廟正殿火五行志同五月甲申朔無丁丑荀紀作丁亥是

宣帝紀本始元年夏四月庚午地震荀紀同是月壬午朔無庚午五行志不書

五鳳四年四月辛丑晦日有蝕之晦當作朔五行志荀紀竝不誤此條王氏襍志已論之今以三統術推之實辛丑朔

甘露元年夏四月丙申太上皇廟火三統術丙申是四月朔此失書五行志同荀紀作甲申誤

四年冬十月丁卯未央宮宣室閤火閤字原譌閣依荀紀改案十月乙亥朔無丁卯疑丁酉之譌五行志不書

元帝紀初元三年夏四月乙未晦茂陵白鶴館災案四月乙酉朔乙未乃十一日非晦也五行志無晦字荀紀譌己未亦無晦字當衍此條錢氏攷異已論之云翼奉傳載此事亦不云晦

成帝紀陽朔二年八月甲申定陶王康薨荀紀作甲戌案八月己亥朔無甲申甲戌疑甲辰之誤

三年三月壬戌隕石東郡八三月丙寅朔無壬戌五行志作二月是二月丙申朔

永始元年八月丁丑太皇太后王氏崩八月己未朔十九日丁丑荀紀作丁酉誤

二年春正月己丑大司馬車騎將軍王音薨正月丁亥朔三日己丑百官表及荀紀竝作乙巳則十九日未知孰是

綏和二年三月丙戌帝崩于未央宮三月己巳朔十八日丙戌荀紀作丙午則四月八日己亥朔乃孝哀卽位之日也又四月己卯葬延陵四月無己卯據荀紀云自崩及葬三十四日則當爲己未疑荀所見漢書已誤爲己卯故改丙戌爲丙午以就之

哀帝紀元壽元年春正月辛丑朔日有蝕之五行志同

荀紀作辛卯誤

二年四月壬辰晦日有蝕之五行志作三月案三統術三月固壬辰晦而不當食四月壬戌晦當食荀紀但書四月而不書日豈疑之邪以癸卯元術攷之實五月壬戌朔交周五宮十七度十二分三十三秒入食限又六月戊午帝崩于未央宮秋九月壬寅葬義陵臣瓚曰自崩至葬凡百五日案九月辛酉朔無壬寅兩漢諸帝無遲至百五日而始葬者其誤明矣荀紀以爲壬辰則八月朔自崩至葬凡四十五日

平帝紀九月辛酉中山王卽皇帝位案辛酉乃朔日不當失書荀紀以爲壬寅則八月十一日

元始二年九月戊申晦日有蝕之案三統術是年當閏九月己卯朔戊申乃閏月晦不當書九月癸卯元術十月戊申朔交周初宮○七度五十九分三十秒入食限

五年冬十有二月丙午帝崩于未央宮案十二月辛酉朔無丙午師古引漢注云莽因臘日上椒酒置藥酒中是年十一月丙申冬至則十二月二日壬戌卽臘日荀紀以爲丙子崩則臘後十四日也

案五行志所書文七年正月辛未朔日有食之景中元年十二月甲寅晦日有食之武建元五年正月己巳朔日有食之元光元年二月丙辰晦日有食之元朔六年十一月癸丑晦日有食之荀紀誤癸酉元封四年六月己酉

朔日有食之太始元年正月乙巳晦日有食之成永始元年九月丁巳晦日有食之（荀紀誤乙巳）諸帝紀皆不書豈史官失之抑傳寫脫去也

異姓諸侯王表漢二年漢楚衡山九江雍燕六格一月二字宜與臨江之十三常山之三十九代之四魏之三十一殷之十三韓之四上下相當不當別出臨淄齊田假初立格有二字乃誤衍又年月空相屬不當或分或合表例惟漢格有月字餘衹著數目此諸月字亦衍皆傳寫誤

二月魏格豹降為王案史記秦楚之際月表作為廢王此疑脫廢字

三月漢格項王三萬人破漢兵五十六萬此文疑當在
楚格史表在楚格
九月案史表是年有後九月徐廣云應閏建巳據殷術
也於顓頊術應閏建午班表不書後九月葢失之又史
表與班表每差一月至此遂平說見史記札記
十月韓格二年一月案實計月數爲年此襲史公之謬
梁氏史記志疑糾之亦見札記
四年六月淮南格更爲淮南王王當作國
九月淮南格三月月字衍
五年卽皇帝位案漢王以二月卽皇帝位不當失書月
又卽位以後事歸統一不必分月爲表今前半板止於

四月九月其十月十一月雖無事亦宜依例入表至十二月楚格之漢誅籍臨江格之漢虜尉五年一月楚格之王韓信始齊格之徙韓信王楚皆在卽位前不當混并爲一皆傳寫之誤又楚格衍正月二字夫史表於漢王始封卽書正月以別之何至此始書且卽位不在正月而又不書於漢格而書於楚格其爲後人妄增可知今以史表參正分析元文訂補如左韓格有四年二字蓋亦實計月數爲年當漢四年十月今移正而增一月兩字又張耳之薨史表在趙之二年九月當漢五年七月漢書張耳傳亦云五年秋耳薨而此表書十二月蓋亦傳寫誤今仍之不敢輒改

漢	楚	衡山	臨江	淮南	趙	代	齊	燕	梁	韓	長沙

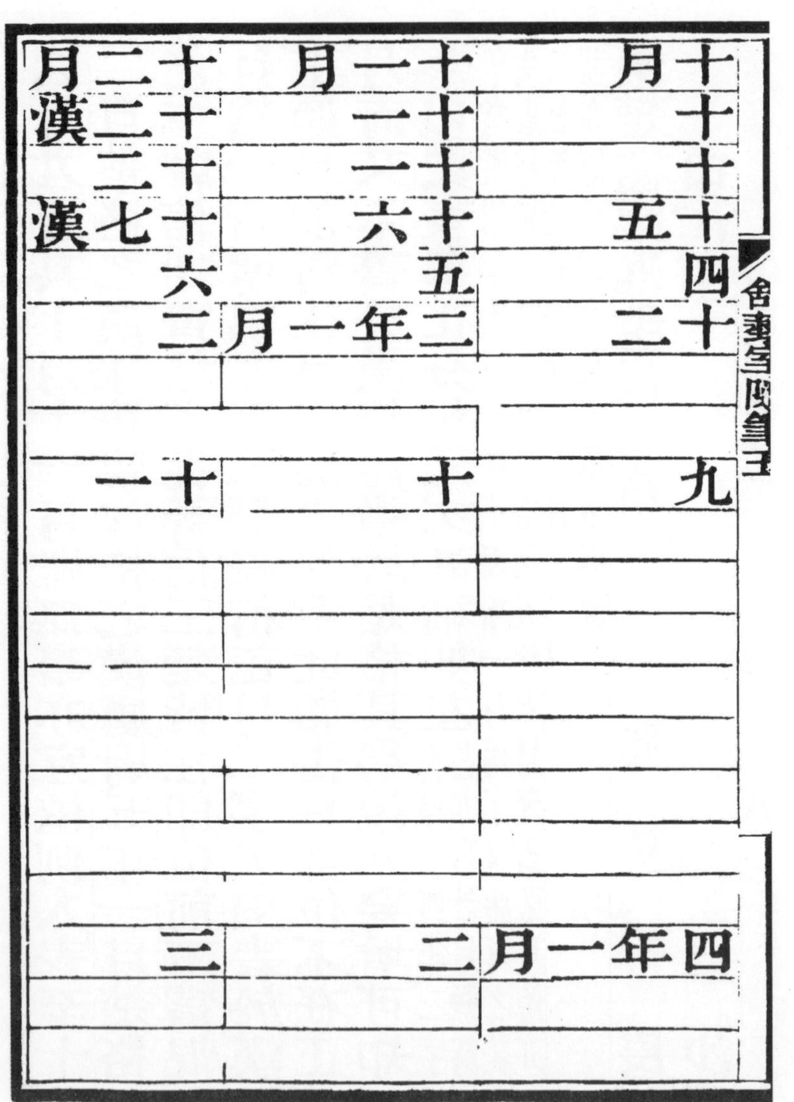

十月	十一月	十二月
十	十二	十三漢
十	十一	十二
十五	十六	十七漢
四	五	六
十二	二年一月	二
九	十	十一
四年一月	二	三

	五年一月	二月即皇
誅籍	王韓信始	二
	十三	丙徙長沙
廣尉		
	七	八
	三	十二月乙
		以太原爲
	徙韓信王楚	
		後九月王
		王彭越始
	四	
		二月乙未

帝位

丑耳甍

國

盧綰始故太尉

王吳芮始六月甍

諸侯王表敘被竊鈇之言應劭曰竊鈇謂走出路間竊人鈇也師古曰雖有鈇鉞無所用是謂私竊隱藏之耳案此謂以嫌疑致物議也列子說符篇云人有亾鈇者意其鄰之子視其行步竊鈇也顏色竊鈇也言語竊鈇

也動作態度無爲而不竊鈇也俄而扫其谷而得其鈇他日復見其鄰人之子動作態度無似竊鈇者班語本此（又見呂氏春秋蓋亦本列子）而注家不能引何與（何義門云竊鈇事必出諸子書應說近之而不詳顏說迂謬是亦未見列子也）

高惠高后文功臣表子孫驕逸忘其先祖之艱難多陷法禁隕命亾國云子孫迄于孝武後元之年靡有孑遺秏矣廣本云上有或字疑云乃亾字之譌當作或亾子孫（後檢汪文盛本正如此）謂無嗣國除者也（下文云或絕失姓此指陷法亾國者云或亾之無主此指無子絕嗣者）

孝成功臣表李譚稱忠鍾祖訾順俱以捕樊竝功侯表於譚書承始四年七月己巳於忠書十一月乙酉於祖

順皆書七月己酉錢氏三史拾遺云四八封當同日七月不當書十一月後攷成紀事在永始三年十一月恐十一兩字誤合爲七四年亦三年之譌案錢說是也事在十一月安得七月先封以三統術推之永始三年十一月己巳朔十七日乙酉蓋此四侯皆以是日封乙巳形近古書往往相亂十一月無己酉七月辛未朔亦無己巳己酉

百官公卿表高后七年七月辛巳左丞相食其爲太傅案史記將相表書在八年此七月辛巳卽呂后崩之日實八月朔而當時以爲七月說見史記札記此表錯入七年下

八年九月丙戌復爲丞相此文不書倉其名蓋卽承七月辛巳來則前文之錯明矣九月辛亥朔無丙戌史記高后紀作壬戌是

孝文三年十二月丞相勃免乙亥太尉灌嬰爲丞相案史記書勃免相在十一月將相表書十一月壬子蓋勃自以十一月免嬰自以十二月相十二月丁卯朔無壬子此文十二月三字當在勃免下

四年十二月乙巳丞相嬰薨案十二月壬戌朔無乙巳乙當爲己史表亦誤

後二年八月戊戌丞相倉免褉志云戊戌當依漢紀作戊辰案八月丁卯朔二日戊辰無戊戌史表亦作戊辰

宋本王本亦誤戌見札記

孝景二年八月丁未御史大夫陶青爲丞相案八月丙辰朔無丁未下文八月丁巳左內史朝錯爲御史大夫即代陶青之位則此文亦當爲丁巳葢同日拜也荀紀正作丁巳而書爲陶青翟豈因後嚴青翟而誤邪

中三年九月戊戌案顓頊術殷術戊戌乃十月朔而系於九月葢不復用張蒼術矣而亦非殷術

後元年七月丙午丞相舍死八月壬辰御史大夫衞綰爲丞相案丙午本八月朔而當時以爲七月晦說已見前然即以八月爲丁未朔亦不得有壬辰非月誤即日誤史表荀紀竝同

孝武建元三年內史石徧攷異云徧當作慶案內史石慶已書於二年此衍

元狩三年三月壬辰廷尉張湯爲御史大夫案三月乙未朔無壬辰磔志云當在二年下二年三月癸酉朔二十日壬辰李蔡爲丞相湯卽以是日爲御史大夫史表漢紀皆書於二年

元鼎二年二月辛亥太子太傅趙周爲丞相案二月丁卯朔無辛亥且上已書二月不當重出當依石慶爲御史大夫表作三月辛亥蓋同日除授

太初二年閏月丁丑太僕公孫賀爲丞相案此年入太初術第二年安得有閏史表作三月丁卯於術三月丙

辰朔十二日丁卯荀紀書正月下無日

征和二年四月壬申丞相賀下獄死五月丁巳涿郡太守劉屈氂爲左丞相案四月丙子朔無壬申閏月丙午朔五月乙亥朔無丁巳此皆誤也武紀書賀下獄死在正月荀紀同正月戊申朔壬申則二十五日劉屈氂之相史表荀紀皆書三月丁巳三月丁未朔丁巳則十一日此表四字五字皆傳寫誤

三年六月壬寅丞相屈氂下獄要斬六月庚申朔無壬寅

孝昭元鳳四年正月甲戌丞相千秋薨正月丙戌朔無甲戌說見上

六年十一月己丑御史大夫楊敞爲丞相十一月己亥朔無己丑且王訢於上年十二月薨豈得虛位一年之久疑十一兩字乃正字誤分（下蔡義爲少府誤同此）荀紀作十一月乙丑亦非

孝宣地節三年六月壬辰御史大夫魏相爲丞相六月丙戌朔七日壬辰荀紀作壬申誤蓋辰申聲近故九月壬申地震反誤爲壬辰又張安世七月戊戌更爲大司馬七月乙卯朔無戊戌疑戊辰之誤又七月壬辰大司馬禹下獄要斬七月無壬辰霍氏之敗事在明年且上已書七月不當再出禨志以爲錯簡當在四年下是也然四年七月庚戌朔亦無壬辰豈又壬申之誤耶（史記續表）

作壬寅固不足辨而書在四年則不誤

甘露元年三月丁巳大司馬延壽薨三月丙寅朔無丁巳紀作二月是也通鑑作二月荀紀亦誤三月

三年二月己丑丞相霸薨此據毛本耳它本作三月二月乙卯朔無己丑紀作三月是通鑑作三月己巳蓋從荀紀

孝元永光元年七月辛亥太子太傅韋玄成爲御史大夫七月丙寅朔無辛亥

竟寧元年七月丙寅太子少傅張譚爲御史大夫七月戊辰朔無丙寅荀紀作三月案御史大夫李延壽以二月卒則譚以三月代當是然三月庚午朔亦無丙寅它本漢表亦作三月惟毛作七月蓋因上格有六月字而誤

孝成永始二年正月乙巳大司馬音薨本或作己巳誤紀作己丑說見上又二月丁酉特進成都侯王商爲大司馬衞將軍二月丙辰朔無丁酉下三月丁酉京兆尹翟方進爲御史大夫當同日此二字亦當作三

綏和元年四月丁丑大司馬票騎將軍根更爲大司馬四月甲辰朔無丁丑荀紀作乙丑是又七月甲寅賜金安車駟馬免七月癸酉朔無甲寅禨志據荀紀及通鑑謂當作十月是又三月戊午廷尉何武爲御史大夫三月乙亥朔無戊午荀紀作二月是

二年十一月丁卯大司馬莽賜金安車駟馬免庚午左將軍師丹爲大司馬四月徙十一月乙未朔無丁卯庚

午荀紀作七月丁巳七月丁卯朔亦無丁巳通鑑據師丹爲大司馬四月徙及下十月癸酉大司馬師丹爲大司空之文謂年表月誤荀紀日誤定爲七月丁卯見考異其說甚韙案是年閏七月自七月庚午至十月癸酉凡百二十四日故云四月徙廣本誤爲四年非

孝哀建平元年四月丁酉侍中光祿大夫傅喜爲大司馬四月癸亥朔無丁酉蓋亦丣丣形近之譌

二年二月丁丑大司馬喜免二月戊午朔二十日丁丑荀紀書在正月下誤廣本又誤作三月案四月乙未丞相光免御史大夫朱博爲丞相四月丁巳朔無乙未五行志作四月乙亥朔案乙亥是十九日朔字蓋衍

元壽二年九月己卯大司馬明免十一月壬午諸吏光祿大夫韋賞爲大司馬車騎將軍己丑卒十二月庚子侍中駙馬都尉董賢爲大司馬衞將軍又八月辛卯光祿大夫彭宣爲御史大夫又光祿大夫南夏常仲齊爲右扶風以上皆本元壽元年事毛本誤分爲二年而二年諸條系之三年不知哀帝崩於二年六月安所得三年平（廣本不誤）元年九月丁酉朔無己卯（廣本作乙卯當是）十一月丙申朔無壬午己丑（壬午疑壬子之誤則己丑當爲乙丑）

三年案此下各條皆元壽二年事而毛本誤列爲三年也云五月甲子大司馬衞將軍賢更爲大司馬六月乙未免庚申新都侯王莽爲大司馬六月癸巳朔三日乙

未此時哀帝未崩方寵異賢何由免位此乙未當爲己未之譌益哀帝以戊午崩賢以己未免莽以庚申代爲大司馬三日閒事耳天文志乃云元壽二年十月戊寅高安侯董賢免大司馬位歸第自殺無論十月無戊寅辛卯朔莽之忌賢側目已久大司馬之位豈能遲之十月乎平帝紀云元壽二年六月哀帝崩太皇太后詔曰大司馬賢年少不合衆心其上印綬罷賢卽日自殺新都侯王莽爲大司馬領尚書事佞幸傳云哀帝崩太皇太后召大司馬賢問以喪事調度賢內憂不能對免冠謝太后遣使者召莽既至以太后指使尚書劾賢收大司馬印綬罷歸第卽日賢與妻皆自殺然則哀帝時賢未

嘗免位哀帝崩一日卽劾罷自殺事甚明白天文志成於馬續殆不及契勘邪

孝平元始二年二月癸酉大司空王崇爲病免爲字涉上而衍二月癸未朔無癸酉荀紀作三月近之而又誤王崇爲王舜元年表王舜爲太保車騎將軍未嘗爲大司空也

五年十二月丙午長樂少府平晏爲大司徒十二月無丙午說見上葢亦丙子之譌

古今人表太師摯亞飯干三飯繚四飯缺鼓方叔播鼗武少師陽擊磬襄皆系紂時此因論語與三仁八士同篇也然柳下惠接輿沮溺荷蓧丈人朱張少連非同篇

乎齊楚蔡秦紂時未有其國師古禮樂志注同護孟堅謂追繫其地則古書無此書法且二老歸周其子焉往而區區數樂工者皆高蹈不顧乎如謂記紂時樂官則太師疵少師彊抱樂器歸周何以獨遺之孔子自言師摯之始洋洋盈耳此非望古虛擬學琴師襄樂記有其文豈皆不足信乎集解引孔注曰魯哀公時禮壞樂崩樂人皆去師古謂班氏之說先於馬鄭豈又古於子國乎史記禮書謂仲尼沒後或適齊楚或入河海殆指其人特以爲受業之徒則無據耳而班氏禮樂志即襲其文以系紂時則又何據

律秝志論度云本起黃鍾之長目子穀秬黍中者一黍之廣度之九十分漢紀同文六年左傳疏及史記五帝本

紀正義引大略相同獨舜典疏引度之下有千二百黍四字葢涉下文而誤衍宋房庶竊之詭云家有古本漢書作一黍之起積一千二百黍之廣以行其說范蜀公賢者亦深信之不攷甚矣

壽王秝乃太史官殷秝也壽王猥曰安得五家秝又妄言太初虧四分日之三去小餘七百五分案殷術太初元年入天紀乙酉蔀第二章首天正甲子朔冬至歲餘二十四朔餘七百五皆合四分之三實如壽王所云而當時欲以太初元年爲秝元須棄此小餘故造爲以律起秝黃鍾九寸九九八十一分爲日法卽以八十一章爲統法於是三統爲一元多於舊法五十七年其歲餘

千五百三十九之三百八十五贏於四分之一者小分二五四分之一當三百八十四分小分七五積四千六百十七年得千一百五十四分小分二五適合氣日分千五百三十九即統法四分之三以消此餘分而朔餘五萬七千一百五合百六十八萬六千三百六十日亦適盡無餘乃壽王猶以殷術爭之不知當時承詔定秝有所不得已也

易九戹劉淵林注吳都賦譌作易无妄錢氏攷異據之反以今本漢書作九戹爲誤王氏䕶志辨之詳矣乃又據李善文選注屢引作陽九戹而謂今本易字誤則又好異之過孟康明引易傳所謂陽九之戹百六之會者志文陽戹五陰戹四不得但以陽九戹槩之善注自因

陽九二字而誤以爲三統秝篇名未足爲據此則錢說緯書之類爲近

實如法得一陰一陽各萬一千五百二十案萬一千五百二十乃合三百八十四爻之策不得云一陰一陽蓋以千二十六九章歲而六六之數除太極上元得二萬三千四十則兩分之爲萬一千五百二十也實如法得一當絕句算家常語淺人誤以一陰連屬遂又於陽上亦增一字王氏襍志謂得下更有一字非也

九章歲爲百七十一歲而九道小終九終千五百三十九歲而大終三終而與元終案此下所列三統二百四十一章名數眘亂讀者芒然蓋原本分三列上中下相

當傳寫錯誤致不可辨今尋其義例表之如左

一	甲子元首漢太初元年	甲辰二統	甲申三統
二	癸卯	癸未	癸亥
三	癸未	癸亥	癸卯
四	癸亥初元二年	癸卯	癸未
五	癸卯河平元年	癸未	癸亥
六	壬午	壬戌	壬寅
七	壬戌始建國三年	壬寅	壬午
八	壬寅	壬午	壬戌
九	壬午	壬戌	壬寅
十	辛酉	辛丑	辛巳

十一	辛丑	辛巳	辛酉
十二	辛巳	辛酉	辛丑
十三	辛酉	辛丑	辛巳
十四	庚子	庚辰	庚申
十五	庚辰	庚申	庚子
十六	庚申	庚子	庚辰
十七	庚子	庚辰	庚申
十八	己卯	己未	己亥
十九	己未	己亥	己卯
二十	己亥	己卯	己未
二十一	己卯	己未	己亥

二十二	戊午	戊戌	戊寅	
二十三	戊戌	戊寅	戊午	
二十四	戊寅	戊午	戊戌	
二十五	戊午	戊戌	戊寅	
二十六	丁酉	丁丑	丁巳	
二十七	丁丑	丁巳	丁酉	
二十八	丁巳	丁酉	丁丑	文王四十二年
二十九	丁酉	丁丑	丁巳	周公五年
三十	丙子	丙辰	丙申	
三十一	丙辰	丙申	丙子	
三十二	丙申	丙子	丙辰	

三十三	丙子	丙辰	丙申	煬二十四年
三十四	乙卯	乙未	乙亥	
三十五	乙未	乙亥	乙卯	
三十六	乙亥	乙卯	乙未	
三十七	乙卯	乙未	乙亥	微二十六年
三十八	甲午	甲戌	甲寅	
三十九	甲戌	甲寅	甲午	
四十	甲寅	甲午	甲戌	
四十一	甲午	甲戌	甲寅	獻十五年
四十二	癸酉	癸丑	癸巳	
四十三	癸丑	癸巳	癸酉	

四十四	癸巳	癸酉	癸丑
四十五	癸酉	癸丑	癸巳懿九年
四十六	壬子	壬辰	壬申
四十七	壬辰	壬申	壬子
四十八	壬申	壬子	壬辰
四十九	壬子	壬辰	壬申惠三十八年
五十	辛卯	辛未	辛亥
五十一	辛未	辛亥	辛卯
五十二	辛亥	辛卯	辛未
五十三	辛卯	辛未	辛亥僖五年
五十四	庚午	庚戌	庚寅

五十五	庚戌	庚寅	庚午
五十六	庚寅	庚午	庚戌
五十七	庚午	庚戌	庚寅 成十二年
五十八	己酉	己丑	己巳
五十九	己丑	己巳	己酉
六十	己巳	己酉	己丑
六十一	己酉	己丑	己巳 定七年
六十二	戊子	戊辰	戊申
六十三	戊辰	戊申	戊子
六十四	戊申	戊子	戊辰
六十五	戊子	戊辰	戊申 元四年

六十六	丁卯	丁未	丁亥
六十七	丁未	丁亥	丁卯
六十八	丁亥	丁卯	丁未
六十九	丁卯	丁未	丁亥 康四年
七十	丙午	丙戌	丙寅
七十一	丙戌	丙寅	丙午
七十二	丙寅	丙午	丙戌
七十三	丙午	丙戌	丙寅 愍二十二年
七十四	乙酉	乙丑	乙巳
七十五	乙丑	乙巳	乙酉
七十六	乙巳	乙酉	乙丑

七十七	乙酉	乙丑商太甲元年	乙巳楚元三年
七十八	甲子	甲辰	甲申
七十九	甲辰	甲申	甲子
八十	甲申	甲子	甲辰
八十一	甲子	甲辰	甲申元朔六年
	中	季	孟

世經魯成公十二年正月庚寅朔冬至殷秝以爲辛卯距定公七年七十六歲案每蔀首下距積年皆當著年數今惟此年有之疑皆傳寫脫去而李尚之三統術注反以此文爲衍何也

魯湣公二十二年下著距楚元七十六歲又漢高祖八

年下亦著楚元三年也五字既以高祖紀年何以及楚元豈歆自以爲元王裔而紀之與

漢秝太初元年距上元十四萬三千一百二十七歲前十一月甲子朔旦冬至歲在星紀婺女六度故漢志曰歲名困敦正月歲星出婺女案太初元年六秝皆爲丁丑而武帝詔以爲焉逢攝提格此又云歲名困敦者葢皆承元封六年爲言也元封六年歲星在星紀正月晨見故謂之焉逢攝提格其十一月歲星與日同次故謂之困敦治秝起年前天正冬至又漢初承秦以年前十月爲歲首故以太初元年統於元封六年也今依三統術推之元封五年十一月庚子朔即元封六年年前天正月也十九

日戊午冬至日在星紀中牽牛初度歲星在析木二十七度百四十四分之百三十三當斗八度在日後去日十八度有奇晨見三日後當以前月與日同次斗建亥是元封五年當名大淵獻也自冬至順日行四十六日日率十一分度二元封六年正月己亥朔初六日甲辰立春日在陬訾初危十六度歲星在星紀斗六度去日五十四度隔次晨見（凡隔次晨見皆日加丑時）斗建寅天官書所謂攝提格之歲歲陰左行在寅歲星右轉居丑正月與斗牽牛晨出東方也自元封五年冬至前三日歲星去日半次始見至六年冬至前三日凡三百六十五日有奇星行一次有奇而入伏限十一月甲子朔旦冬至（即太初元）

年年前天正月也日在牽牛初度歲星在婺女六度在日前去日十四度與日同次斗建子是元封六年當名困敦也伏限三十三日有奇順日行三度奇十二月癸巳朔初二日甲午大寒日在玄枵中危初度歲星在婺女九度在日後去日半次晨見順日行四十六日日率十一分度二行星八度十一分之四太初元年正月癸亥朔十八日庚辰雨水三統術以雨水爲二月節日在降婁初奎五度歲星在虛五度去日五十二度隔次晨見斗建卯天官書所謂單閼歲歲陰在卯星在子與婺女虛危晨出也是年十一月戊午朔二十六日甲申小寒十二月節日在玄枵初婺女八度歲星距初見三百四十日矣在危十二度去

日二十五度在日前與日同次斗建丑是太初元年當名赤奮若也夫既改用夏正則紀年自當以正月爲斷而鄧平術定於太初元年五月其年前亥子丑三月猶冠正月之前武紀太初元年有十五月當時未更定故歆迷三統承其舊文又特言正月歲星出婺女者十二月十七日己酉立春入正月節歲星猶在婺女十一度明自此始爲太初元年也

改元曰建武歲在鶉尾之張度建武三十一年中元二年卽位三十三年案錢少詹依三統術推得建武元年歲星在壽星則是前一年在鶉尾疑此句當在上文更始二年下錯簡在此然求其次度二十四度百四十四

分之八十四鶉尾起張十八度今至二十四度餘則已在軫五度去張遠矣又依前例此改元建武下當有六年十一月壬寅朔旦冬至殷秝以爲癸卯十七字以與上元帝二年文相應今本蓋傳寫失之又光武著紀年數不當見於漢書疑孟堅元本止於六年之文以終秝志其建武三十一年云云十六字乃後人妄增

禮樂志安世房中歌十七章案今本漢書分章本據毛以大孝備矣庶幾是聽十二句爲一章粥粥音送至經緯冥冥六句爲二章我定秝數至撫安四極十五句爲三章海內有姦至樂民人二十二句爲四章豐草葽至祓無極八句爲五章靁震震至世曼壽十句爲六章都荔

遂芳至我署文章十句爲七章桂華至燭明四極四句爲八章慈惠所愛至終無兵革十二句爲九章嘉薦芳矣至令問不忘八句爲十章皇皇鴻明至壽考不忘十八句爲十一章承帝明德至受福無疆八句爲十二章不足其五郭茂倩樂府詩集析我定秝數至四極爰轃八句爲一章海内有姦至盩定燕國八句爲一章大海蕩蕩水所歸至貴有德六句爲一章慈惠所愛至師象山則六句爲一章皇皇鴻明至孔容翼翼十句爲一章而合桂華於都荔遂芳爲一章故仍缺其一竊意我定秝數人告其心心字與下申親轃不叶據師古注云言臣下各竭其心致誠慤也疑心字本作誠當屬上章爲

韻後人以注中其心二字轉改正文以屬下章而不知侵部字不可以叶眞部也又都荔遂芳窅窊桂華華字亦與下光行茲章不叶據臣瓚引茂陵中書歌都孋桂英美芳鼓行荔孋蓋同聲假借詳下章馮馮翼翼上多桂華二字（毛本樂府詩集徑於桂華上增二方空謬）磑磑卽卽上多美芳二字於上下文皆不相涉疑一本作都荔窅窊遂芳桂華窊與華叶一本作都荔桂英窅窊美芳英與芳叶（亦叶光行茲章）其别出之桂華美芳皆校者所注異文傳寫錯亂（晉灼所見本已然）而正文遂芳與窅窊又誤倒遂不可讀目馮馮翼翼四句疑仍當依漢書自爲一章餘如樂府詩集所分則十七章全矣蓋古書自篇首至末本皆直下連屬

後世分析提行以便尋閱遂有誤分誤合之弊

郊祀歌惟泰元七建始元年丞相匡衡奏罷鸞路龍鱗更定詩曰涓選休成又天地八丞相匡衡奏罷黻繡周張更定詩曰肅若舊典案此皆題上事也鸞路龍鱗者惟泰元章之弟十四句黻繡周張者天地章之弟七句其改之故則錢氏攷異引郊祀志釋之矣今本漢書以涓選休成提行冠於天地章之首黻繡周張冠於日出入章之首此亦庸妄子誤分誤合之弊攷異引文獻通考載元豐六年陳薦議引涓選休成天地竝況證天地合祭之說謂北宋本已誤誠然然樂府詩集載此歌每章皆序題在前於惟泰元下別行低格引漢書禮樂志

曰建始元年丞相匡衡云云於天地下别行低格引漢書禮樂志曰丞相匡衡云云皎然明白豈所見本固未誤邪抑覺其誤而正之邪

食貨志春將出民里胥平旦坐於右塾鄰長坐於左塾畢出然後歸夕亦如之將字毛刻本誤作秋案上文云春令民畢出在壄冬則畢入於邑無秋出民之事廣本作將是也荀紀引作則夕字疑亦誤當作入師古注云言里胥鄰長亦待入畢然後歸也則所據本是入字此謂冬入民亦如春出民也荀紀引亦作夕蓋後人依誤本漢書改又宣十四年公羊傳解詁全襲此志乃云葺不持樵者不得入夫當出之時田自有廬可以居止豈能朝出耕而葺歸里且既朝出葺歸何又云冬畢入葢所謂葺不持樵不得入者謂農民皆已出耕惟樵采者得入以防惰農私歸也

天下共其勞師古曰共猶同案共字疑當讀爲供下文云中外騷擾相奉卽此共字注腳師古注非也平準書作天下苦其勞或疑共乃苦字爛文

苗生葉吕上稍耨隴草因隤其土吕附苗根詩甫田疏引與今本同昭元年左傳疏引葉上有三字稍下有壯字王氏𥡴志以爲今本脫案三字宜有壯字則疑因下文稍壯而衍稍耨云者卽下文所謂每耨輒附根益以漸隤其土也說文稍出物有漸也故下云比盛暑隴盡平而根深毛刻本苗根誤倒三字平字各本皆脫

子遭陽九之阨百六之會案秝志以元帝平始三年癸亥入中統第六章之十二年自此至王莽建國三年辛未是

爲陽九故莽云然而王莽傳建國五年書則云陽九之阸既度百六之會已過也傳贊云餘分閏位亦指此林志孟康注云初入元百六歲有阸者則前元之餘氣也若餘分爲閏也

郊祀志陛下建漢家封禪天其報德星云師古曰德星卽塡星也案塡星土也公孫臣說漢以土德王文帝以來用之故謂塡星爲德星史記作旗疑字形相近而譌索隱以爲歲星非也

地理志遼東郡番汗下云沛水出塞外西南入海應劭曰番音盤案沛水九字乃班氏正文說文云沛水出遼東番汗塞外西南入海葢本此毛本應劭曰下衍汗水出塞外西南入海九字注文盛本廣本刪去之當矣乃

移應劭曰三字於沛水之上是以正文爲注矣如係應注則當先爲番字作音此九字當在番音盤下矣錢唐汪氏小米校本反謂毛本誤以注入正文又以衍文中汙字爲是而正文沛字爲誤未知所據

廣平國曲周武帝建元四年置水經濁漳水注引史記大將軍酈商以高祖六年封曲周縣爲侯國金氏輔之據此謂曲周舊縣非始孝武案史漢表傳酈商無大將軍之偁大字葢衍又止云封於曲周未知果爲舊縣與否如志所言則縣字亦衍也索隱於史表曲周下注縣名葢亦承酈注文據表傳商封曲周子寄繼立至景帝中二年有罪失侯明年改封商他子堅於繆十年之後

始改曲周爲縣似舊不爲縣矣
長沙國承陽師古曰承水原出零陵永昌縣界東流注湘也汪校云零陵無永昌縣案此據漢志言也晉書地理志荆州零陵郡有永昌縣宋志南齊志竝屬湘州隋志零陵郡零陵縣舊曰泉陽置零陵郡平陳郡廢又廢應陽永昌初陽三縣入焉然則六代零陵郡皆有永昌師古豈據彼爲説邪水經湘水注承水出衡陽重安縣西邵陵縣界邪薑山東北流至重安縣舜廟下又東北逕重安縣南武水入焉至湘東臨承縣北東注于湘謂之承口案承水今謂之蒸水承口今謂之蒸口古永昌縣地葢在今衡州衡陽縣西南祁陽縣及寶慶府邵陽

縣之交矣

溝洫志引渭穿渠起長安旁南山下至河三百餘里徑易漕度可令三月罷案徑易漕三字句謂其道徑捷便於漕也度可令三月罷與上度六月罷下度可得五千頃度可得穀二百萬石句法一例小顏乃於徑易下絕句著注金氏輔之校本從之點句忽不加察耳

賈誼傳般紛紛其離此郵兮亦夫子之故也歷九州而相其君兮何必懷此都也故字史記作辜案此言屈子遭此放逐咎由自取不能周遊擇君而戀戀於楚以反射己之今日時勢不同也李奇云亦夫子不如麟鳳故離此咎意簡而明師古乃謂誼自言今之離郵亦猶屈

原又云言往長沙爲傅不足哀傷何用苟懷此故都夫誼生漢朝與戰國異雖爲長沙傅猶漢臣也何得云歷九州而相君此解窒礙蓋不如李

固將制於螻螘師古曰螻謂螻蛄也案史記索隱本出正文作蟻螻前作札記據集韻十虞螻有龍珠切一音謂此轉侯入虞倒文叶韵今以師古注證之益可見本作蟻螻蓋蟲名多取疊韵如蛈蝭蛣蝠之類具見爾雅螻蛄二字轉婁聲以從古蟻自一物螻蛄自一物幷不可云倒文而此傳仍作螻螘者蓋亦後人安其所習而改之也螘从豈聲更不與上下韵叶

單閼之歲四月孟夏庚子日斜服集余舍案文帝六年

丁卯四月戊寅朔二十三日庚子是時誼爲長沙傅已三年下云後歲餘文帝思誼徵之則在文七八年閒其卒也距梁王勝墮馬死史記集解引徐廣曰文帝十一年後歲餘年三十三則溯作服賦時年二十七汪容甫賈子年表以爲作服賦在文帝五年年二十六其徵在文帝六年年二十七誤

賈山傳其後文帝除鑄錢令山復上書諫以爲變先帝法非是又訟淮南王無大罪宜急令反國又言柴唐子爲不善足以戒章下詰責對以爲錢者亡用器也而可以易富貴富貴者人主之操柄也令民爲之是與人主共操柄不可長也案據錢者亡用器也云云是章下詰責專指諫除鑄錢令一事不當以淮南王柴唐子事隔

在其閒疑章下詰責當直接變先帝法非是下其又訟淮南王至足以戒二十四字當在不可長也下而下接其言多激切云云則總結山前後所諫諍者傳末其後復禁鑄錢則又它日事記之以驗山言耳

翼奉傳好行貪狼申子主之案狼乃很字之誤也翼說申子主貪很亥卯主陰賊寅午主廉貞己酉主寬大辰未主姦邪戌丑主公正謂之六情益以貪很對廉貞陰賊對寬大姦邪對公正皆取其對衝之辰說文彳部很不聽從也一曰行難也一曰盭也廣雅亦訓盭曲禮很毋求勝鄭注很鬩也今本皆作狠說文狠訓犬鬭聲與很義別俗以偏旁相近而混之又因狠譌爲狼狼乃獸名義

无不類而沿習既久不復省其爲誤字矣

迺正月癸未日加申有暴風從西南來未主姦邪申主貪狠曰太陰下抵建前注張晏曰初元二年歲在甲戌正月二十二日癸未也太陰在太歲後孟康曰時太陰在未月建在寅風從未下至寅南也案張注太陰在太歲後下疑有脫字其注楊雄傳甘泉賦云太陰歲後三辰也文選注引並同據孟注云時太陰在未正戌後三辰而此傳下文丙子孟夏張注以爲丙子歲太陰在甲戌是歲後二辰矣吳斗南兩漢刊誤補遺引甘泉賦注作二辰史記貨殖列傳正義亦云太陰歲後二辰今陰陽家亦以歲後二辰爲太陰蓋其術舊傳如此然則甘

泉賦三乃誤字而孟說非也說見後依三統術推初元二年正月壬戌朔二十二日癸未如張注未申皆在西南與斗建對衝故云㠯太陰下抵建前此太陰自指歲後之辰非主歲之太陰王氏襍志以為太歲誤也孟注寅下南字非衍卽誤

平昌侯比三來見臣案平昌侯不舉名據上文則是王臨然外戚恩澤侯表平昌節侯王無故宣帝地節四年封子考侯接五鳳元年嗣接子釐侯臨元帝永光三年嗣初元二年臨未嗣侯其為接則上文不當云王臨其為臨則此文不當偁平昌侯豈亦周公自偁成王之叔父類耶見史記魯世家然史書中此類多矣

明年二月戊午地震七月己酉地復震案元帝紀初元二年詔亦云二月戊午依三統術推二月辛卯朔戊午乃二十八日也與正月暴風同在一年此明年二字疑涉下文明年夏四月而誤吳斗南乃謂前暴風封事爲元年事王氏𥜥志亦謂前封事爲元帝初即位時所上蓋以前不書二年故也不知新君即位一二年閒皆得謂之初谷永待詔公車在成帝永始三年猶云上初即位不必元年且元年正月戊戌朔無癸未此不能以口舌爭也蓋皆不省此明年二字爲衍文故可七月己未朔無己酉攷異云當作乙酉是今年太陰建於甲戌案上文以太陰爲歲後之辰則此不當復以爲主歲之太陰蓋陰乃歲字之誤孟

康注云太陰在甲戌則太歲在子則所見本已誤遂妄以此爲四年之太歲丙子矣不知此文承上三年地震來下文云明年四月乙未孝武園白鶴館災乃初元三年事元帝紀五行志荀紀竝同惡得以四年事先書在前乎就其說謂太陰在甲戌則太歲在子是亦以太陰爲歲後二辰然則前翼風封事注以未爲太陰亦誤以爲元年歲在癸酉故也吳斗南不知陰陽家別有歲後二辰之太陰錢少詹誤以歲後之太陰爲太歲王氏禳志又不審此太陰實太歲之誤遂各執一說而不能相通

如因丙子之孟夏順太陰以東行案丙子乃初元四年也奉請元帝徙都非可朝令朞成者此疏承白鶴館災後不書年疑亦三年所上其云丙子乃豫期之也此太

陰亦太歲之誤三年歲在乙亥從亥之子故曰東行張晏注云因今丙子之四月也太陰是時在戌則以此疏爲四年所上恐不合於情事荀紀又系之初元二年亦非

宣元六王傳又瓠山石轉立晉灼曰漢注作報水經汶水注引此文亦作瓠而下文治石象瓠山瓠作報盧氏鍾山札記引宋本漢書兩瓠字並作瓡案作瓡是也景武昭宣元成功臣表瓡讘侯扞者師古曰瓡讀與瓠同史記建元以來侯者表亦作瓡讘徐廣曰瓡音胡王氏禯志謂隸書瓠或作瓡因譌爲軱又譌爲瓡是也又王子侯表瓡節侯息瓡即執字王氏禯志謂隸書執或作埶故譌爲瓡師古

亦誤讀爲瓠地理志東海郡瓡注瓡即執字不誤而史記索隱本出正文瓡作報蓋瓡瓠二字止爭一點傳寫易亂瓡之譌爲報猶瓡之譌爲報也若如今本作瓠則無由誤爲報

史丹傳國東海郯之武彊聚如淳曰聚字喻反案聚字蓋本作冣故如淳作音若聚字則人皆識之矣以是知班書字爲後人所改者多矣

翟方進傳而宣欲專權作威迺害於迺國不可之大者師古曰周書洪範云臣之有作福作威迺凶于迺國害于厥躬廣本正文作乃害于國無下迺字注作乃凶于而國案今經作其害于而家凶于而國自石經以及流傳舊本又漢書它傳屢引此文無有如顏氏此注者傳

中檃栝經語不嫌小異其下迺字疑衍或當在國字下與不可相屬爲句廣本則或脫或刪若顏注既明引洪範不宜以意改竄未知所據何本段氏尚書撰異獨失引此條

其左氏則國師劉歆案歆爲國師在方進身後莽始建國元年此時何得書國師劉歆班書素謹嚴乃亦不免此疏忽

莽於是依周書作大誥案孟堅於莽傳詳著其書策詔令以見莽之作僞欺世此誥似亦當入莽傳而著之翟義傳中者深許義之首先發難事雖不成亦足以使莽之姦謀彰著於天下而又以痛漢廷之無人也其先有劉崇張

紹事始作卽敗

谷永傳陛下則不深察愚臣之言忽於天地之戒咎根不除水雨之災山石之異將發不久襍志云則與若同義案則卽古通見王氏經傳釋詞　賈誼傳陛下卽不定制如今之埶不過一傳再傳諸侯猶且人恣而不制豪植而大强漢法不得行矣此文之則與彼文之卽同

此天保右漢家使臣敢直言也案谷永陰坿王鳳强爲之解所謂誣善之人其辭游然其中亦有可取者則謂之直言亦可

今年二月己未夜星隕案成帝紀永始二年二月癸未夜星隕如雨五行志亦云癸未三統術二月丙辰朔癸

未則二十八日也此云己未則初四日葢誤

匈奴傳而始皇帝使蒙恬將數十萬之衆史記匈奴列傳作將十萬之衆毛本衆誤物又其世姓官號可得而記毛本姓誤信姓字與下云單于姓攣提氏相應史記作其世傳國官號與此不同廣本皆不誤

漢使留匈奴者十餘輩而匈奴使來漢亦輒留之相當案上文云先是漢亦有所降匈奴使者單于亦輒留漢使相當又云每漢兵疑當作使入匈奴匈奴輒報償漢留匈奴使匈奴亦留漢使必得當迺止與此文事皆相同一篇三見固史公累辭而孟堅竝仍之不可解

西域傳馮夫人錦車持節詔昜烏就屠詣長羅侯赤谷城案師古於持節下著引服虔注是於此絕句詔烏就

屠云云十一字作一句焉字卽下烏字譌衍宜刪廣本無

重合侯毋廣候者毋字誤廣本作得是

後漢使持節殷廣德責烏孫求車師王烏孫貴將詣闕錢氏拾遺云烏貴者車師王之名衍孫字案錢說是也上文車師王烏貴恐匈奴兵復至迺輕騎奔烏孫故漢使廣德責烏孫求之玉篇將送也本詩遠于將之箋謂送至漢廷也師古注烏孫遣其將之貴者入漢朝則所據本已誤

敘傳案孟堅歷敘先世幷著叔皮王命論亦放史公自敘幷著談六家要旨之意乃其載荅賓戲及幽通賦則

是自傳非史法也

耳諫甘公作漢藩輔案此指甘公勸張耳走漢事也廣本作耳謀甘公是毛本作諫誤

舒藝室隨筆卷五

舒藝室隨筆卷六

南匯張文虎孟彪

後漢書光武帝紀六月己卯光武遂與營部俱進案但云營部不辭通典引營部上有諸字通鑑亦作諸營上文云既至郾定陵悉發諸營兵而諸將貪惜財貨欲分留守之光武曰今若破敵珍瑶萬倍大功可成如爲所敗首領無餘何財物之有蓋至此諸將始肎俱進諸字正承上來不可少

二十六年春正月詔有司增百官奉章懷注引續漢志千石月八十斛毛本作千石月九十斛比千石月八十斛案續志大將軍軍司馬謁者僕射宫掖門司馬及太

常光祿勳衛尉太僕大鴻臚宗正大司農少府執金吾諸丞皆比千石又云凡二千石丞比千石則千石下自當有比千石一例它本後漢書注續志通典職官通志職官略皆脫千石月九十斛比七字

明帝永平五年詔勞賜縣掾史及門闌走卒注引續漢志曰五伯鈴下侍閤門闌部署街里走卒皆有程品今續志鈴作軨涉下而誤說文軨車轖間横木亦車輪字見段注

和帝紀諱肈章懷注引說文音大可反蓋舊音也肈無大可之音疑本作丈少反丈大形近艸書可作丂與少亦相似而譌

桓帝紀延熹八年護羌校尉段熲擊罕姐破之通志同

汪文盛本作勒姐與段熲傳合西羌傳或作勒姐或作牢姐牢勒一聲之轉此罕字乃牢之譌

續漢律秝志然弦㠯緩急清濁非管無㠯正也弦㠯之㠯疑當作之或緩急下脫爲字又案秝而候之秝乃律之譌盧氏羣書拾補反欲據此改篇末候日卽其律之律爲秝誤矣觀注自明

元和二年八月詔書曰石不可離案石卽上文所引石氏星經謂當以石氏爲主也下云其星閒距度皆如石氏故事文自明顯石字不誤惠氏補注改石爲古亦未勘上下文矣

及用四分亦於建武施於元和案亦下疑脫一字謂始

於建武而施行於元和也

設清臺之候驗六異課效觕密案異疑秝字之譌又案漢書律秝志詔雜候上林清臺課諸秝疏密乃孝昭元鳳三年事此連元封七年之文益略之也

紀蔀表案此表首行序題各本誤以天紀歲名對蔀名甲子癸卯爲弟一列地紀歲名對庚辰丙申爲弟二列人紀歲名對庚子丙辰爲弟三列蔀首二字對庚申一丙子二爲弟四列李尙之四分術注依錢少詹說更正以天地人三紀序題各降一列而以蔀首二字獨對一二三四數目今局中新栞本從之其實蔀名甲子癸卯一列當移末列與數目字相屬王氏太歲攷改如此或移蔀首數

目爲第一列與蔀名相屬庶爲明白又四分術本起庚申而此以庚辰爲天紀者是徑截孝文後三年爲上元也上文云漢高皇帝受命四十有五歲陽在上章陰在執徐冬十有一月甲子夜半朔冬至日月閏積之數皆自此始立元正朔謂之漢秝又上兩元而月食五星之元竝發端焉李注曰從文帝後三年推而上之九千一百二十歲歲在庚辰爲上元云云是本以庚辰爲天紀矣葢立元本無一定祇各隨其術取其齊同觀六秝用數皆同而立元各不同可知也王氏太歲攷改以庚申爲天紀首未得其意

月之餘分積滿其法得一月月成則其歲月大四時推

移故置十二中㠯定月位有朔而無中氣者爲閏案月大二字誤倒大字絕句月字當屬下此謂有閏之年爲大歲也歲之餘分滿月法而置閏謂之大歲與月之餘分滿日法而成日謂之大月正同然閏月四時推移或有進退故置中氣以定之此本易明盧氏不知月字之誤倒而以歲字爲衍李氏四分術注亦以月大連文皆非

三國志魏文帝紀注引劉廙等奏議云今月十七日己未宜成陳少章辨誤謂宜當作直引三少帝紀注乙未直成云正始三年九月二十五日乙未直成蓋已入立冬節後及漢書王莽傳以戊辰直定爲證孺子嬰三年也上文云十一月壬子直建冬至案陳說是也紀書

冬十一月癸卯此云今月十七日己未則癸卯乃月朔十一月建子則未日直危而云直成蓋十一月乃十月之誤 四庫全書考證亦云衍一字

王朗傳注引獻帝春秋云獨與老母共乘一欐玉篇云欐小船也廣韵同 蓋本此

晉書律秝志五曰夷則所以詠歌九德平人無貳也案此引國語文貳字當作貣與貸同 今國語本亦譌爲貳儀禮大射儀注引作貣王氏經義述聞已辨之此志下文述十二月律云所以詠歌九則平百姓而無貣也正作貣然則此文作貳者乃後人依誤本國語改

三分其所生益其一分以上生三分所生去其一分以

下生案依下句三分所生則首句三分其所生其字衍

班固採以爲志案上已云班固漢書採而志之此文複衍

故復重作蕤賓伏孔笛案蕤賓下疑脫林鍾二字葢惟此二律用八倍角笛也

羽生角南呂生姑洗也注從羽孔下行度之盡律亦得角聲出於南附孔之下案南當爲商之譌

角生變宮姑洗生應鍾也注上句所謂當爲角孔而出於商下者墨點識之案商下當作商上宋志亦誤又從此點下行度之應律應當作盡

變宮生變徵應鍾生蕤賓也注其便事用例皆一者也

案者字衍下文二十一變也注諸笛皆一者也者字亦衍

太蔟之笛正聲應太蔟下徵應南呂長二尺五寸三分一釐有奇案當作二尺五寸二分八釐有奇宋志亦誤

夾鍾之笛正聲應夾鍾下徵應無射長二尺四寸有奇案此四倍林鍾分也有奇二字衍宋志無

姑洗之笛正聲應姑洗下徵應應鍾長二尺二寸三分三釐有奇案當作二尺二寸四分七釐有奇宋志亦誤

此下缺中呂笛說見後

南呂之笛正聲應南呂下徵應姑洗長三尺三寸七分有奇案七分下脫七釐二字各笛尾數皆止於釐

無射之笛正聲應無射下徵應中呂長三尺二寸有奇

案此四倍林鍾分也有奇二字衍宋志無上云三尺二寸者應無射之笛

應鍾之笛正聲應應鍾下徵應蕤賓長三尺九寸九分六釐有奇案三尺當作二尺宋志亦誤

十二月律中大呂司馬遷未下生之律長四寸二百四十三分寸之五十二倍之爲八寸分寸之一百四案八寸下亦當有二百四十三五字

二月律中夾鍾酉下生之律長三寸二千一百八十七分寸之一千六百三十一倍之爲七寸分寸之一千七十五案七寸下亦當有二千一百八十七七字

四月律中中呂亥下生之律長三寸萬九千六百八十

三分寸之六千四百八十七倍之爲六寸分寸之萬二千九百七十四案六寸下亦當有萬九千六百八十三八字

仲秋氣至則其律應所以贊陽季也季字當作秀上文引泠州鳩語作秀不誤

九月律中無射卯上生之律長四寸六分千五百六十一分寸之六千五百二十四案六下分字衍

凡音聲之體務在和韻韻當作均

每律各一內房中外高案房中二字乃庫字誤分爲二

此節全錄續漢志宋志亦同

勖銘其尺曰晉太始十年中書考古器揆校今尺長四

分半所校古法有七品一曰姑洗玉律二曰小呂玉律三曰西京銅望臬四曰金錯望臬五曰銅斛六曰古錢七曰建武銅尺姑洗微彊西京望臬微弱其與此尺同銘八十二字案今銘止七十九字隋志亦載之末云其餘與此尺同則凡八十字仍少二字

古有黍絫錘錙鐶鈞鏘溢之因案鏘當爲鋝因當爲目

日行黃道於赤道宿度復進有退案進有當倒

故以乾象互相參校其所校日月行度弦望朔晦校歷三年更相是非案已云互相參校則其所校三字爲蛇足宋志無之是也下校歷之校亦衍

夫以黃初二年六月二十七日戊辰加時未日蝕案七

乃九字之譌魏志云六月戊辰晦日有食之乾象先天二年少弱於消息先天一辰强爲遠天案二年當作二辰

三年十一月二十九日庚寅加時西南維日蝕案魏志黄初三年十一月庚申晦日有食之此作庚寅誤也又云乾象加未初消息加申黄初加未乾象先天一辰遠黄初先天半辰近消息乾象近中天案旣云乾象先天一辰遠何云乾象近中天葢當云消息近天乾象字中字皆衍

三年十月十五日乙巳日加丑月加未蝕案十月誤下文郎中李恩議作十一月望是也以乾象術推之黄初

三年十一月辛卯朔十五日乙巳望而庚申乃十二月朔非十一月晦

若知而違之於挾故而背師也若不知據之是爲挾不知而罔知也案於字依下句例亦當作是爲二字若不知下疑當有而字

周天二十一萬五千一百四十案四十當作三十李尙之乾象術注亦承其誤

以章歲乘加時盈縮差法除之所得滿會數爲盈縮大小案大小下當有分字

入月日十二下注景初十三度數四十八下注景初五十案此皆後人旁注非志文宜刪

金九十一日行百一十三度更順減疾日行一度十五分案李氏乾象術注脫此二十六字

晉書律秝志大都寫宋書而譌脫特甚不盡由傳本之失葢當時成書艸率之故今本宋志雖不必盡善尙較勝於晉書校晉志者當以爲依據也

其餘蝕經无日諱之名无以考其得失案名字當在日下

宋書律秝志南呂五寸二分三氂少彊案當作五寸三分三氂少彊

應鍾四寸七分案當作四寸七分四氂半彊此脫分下尾數

而知寫笛造律知當爲和晉志不誤

猶宜形古昔以求厥衷晉志形上有儀字是

案太樂四尺二寸當正聲均應蕤賓以十二律還相爲宮推法下徵之孔笛應律大呂案當字笛字互誤此刓改時失校耳

輒部郎劉秀鄧昊　魏邵等案晉志空處乃王豔宜據補

太蔟爲商注此章說笛孔上下大律之名也晉志說作記大律作次第此誤

大蔟生南呂也注以南呂律度從角孔下度之角字誤當依晉志作商

南呂生姑洗也注欲吹笛者左手所不及也欲卽吹字之譌衍晉志無宜删又音家舊法雖一部再倍但令均同適足爲唱和之聲案當依晉志作一倍再倍部字誤姑洗生應鍾也注上句所謂當爲角孔而出商下者墨點識之案下當作上此卽上注所云以姑洗律從羽孔上行度之盡律而爲孔則得角聲也以其出商孔之上故第識其處以爲度而從此下行度之以求變宮也晉志亦誤作下

應鍾生蕤賓也注名以其宮爲主名當依晉志作各又其使事用例使當依晉志作便下云伏孔四所以便事用也

黄鍾爲變徵注俱發三孔而徵磑礭之徵當作徽晉志亦誤

所以便事用也注一取則於琴徵也徵當作徽晉志亦誤

太蔟之笛長二尺五寸三分一釐有奇案分釐數誤說見前

姑洗之笛長二尺二寸三分三釐有奇案分釐數誤說見前又各笛下竝引周語作注此姑洗笛下脫去注文及中呂笛一條而即以中呂笛注系於姑洗笛下今爲補之云周語曰姑洗所以修潔百物考神納賓也此補注姑洗之笛下

中呂之笛正聲應中呂下徵應黄鍾長二尺一寸

三分三釐有奇此四倍南呂數注云周語曰三閒中呂宣中氣也元本宣誤宮今依國語改晉志藍本宋志亦缺中呂之笛一條然則唐初所見宋書已如今本乃冥然罔覺可慨也

南呂之笛長三尺三寸七分案七分下脫釐數又脫有奇二字說見前

應鍾之笛長三尺九寸九分六釐有奇案三當作二說見前

逸周書文傳解從生盡以養一丈夫注云一丈夫天子也言兆民者天子也趙敬夫本改者字爲養檢黃氏日抄引此注作言兆民所奉者天子也蓋今本脫所奉二字而者字不誤知古書不可以意改

大聚解春三月山林不登斧以成草木之長夏三月川澤不入網罟以成魚鼈之長依網罟句則上句少一字路史夏后氏紀引斧下有斤字是也又泉深而魚鼈歸之草木茂而鳥獸歸之稱賢使能官有材而闕歸之惠徵士校本於闕處補士字黃氏日抄引泉下有水字與草木對闕處乃賢字案惠氏曾見宋本度非妄補疑賢士二字當並有句法方稱

世俘解新荒命伐蜀案牧誓庸蜀羌髳實從伐紂何以見伐又所俘呂他新荒侯來陳本百韋之屬都不見它書是不可究詰矣

秦策臣不忠於王楚何以軫爲忠案下忠字當作惡乃

武后所造臣字也高誘注欲爲臣乎正解此句宋刻川姚氏本引曾本作楚何以軫爲臣乎是也

趙策人比然而後知賢不如王若用所以事趙之半收齊天下有敢謀王者乎案比字當讀爲比較之比然字衍如字絕句賢不如猶言賢不肖謂人當比較而後知賢不肖以喻事當比較而後知利弊也諸家讀不爲否以如字下屬姚本又誤知爲如遂不可通

韓策當敵卽斬堅甲盾鞮鍪鐵幕革抉吷芮無不畢具史記蘇秦列傳卽作則無盾鞮鍪三字案卽則古通用斬字當絕句承上劍戟言之當敵卽斬猶云所當無不摧折也堅甲鞮鍪當四字爲句索隱彼注云吷與瞂同

謂盾也正義亦引方言云盾自關而東謂之㕦下有吠字則此文盾字爲衍矣鐵幕疑卽鞮鍪之轉㽞讀史者坿注於旁混入正文吳注以斬堅斷句非

管子牧民篇傾可正也危可安也覆可起也滅不可復錯也案錯字疑衍類聚五十二引作得得亦復字之譌衍

下令於流水之原者令順民心也案上云下令則下句令字衍上文授有德也務五穀也育六畜也皆四字句宐一例下令順民心則威令行順上亦不當有令字

如地如天何私何親案韓子揚權篇若地若天孰疏孰親語本此疑私字誤

故君求之則臣得之君嗜之則臣食之君好之則臣服之君惡之則臣匿之案求疑來字之譌古來字每與入聲爲韵出車韵牧載棘大東韵服靈臺韵亟囿伏常武韵塞而與求字形近往往相亂嗜疑當作飤說文以食與人也古通作食葢校者疑其與下臣食複而改之服字疑報之譌雞鳴詩知子之好之雜佩以報之此文似以來得飤食好報爲韵

形勢篇山高而不崩則祈羊至矣祈羊無義疑羊當讀爲祥國准篇立祈祥以固山澤是其證

飛蓬之問不在所賓陳君奐較宋本問作閒案問疑當作間故譌爲閒尹注云喻二三之聲問明主所不賓敬是本作間也

犧牲圭璧不足以饗鬼神案此以儀不及物者比之飛蓬燕雀所謂不誠未有能動者也故云不足以饗鬼神主功有素寶幣奚爲案主功有素卽考工記所謂畫繢之事後素功也言采色必施以素功饗神不徒以寶幣借喻以申上意

唯夜行者獨也夜疑心字之誤下文云四方所歸心行者也後解雖承夜字之誤亦解爲心行

不行其野不違其馬尹注云未經其事問其所經案此卽問塗必於老馬之意雖與後解異而與上文伐矜好專義正相承似爲得之然則上不字當作未

無廣者疑神案無字疑卽上譕巨之譕爛文耳尹注及

後解皆失其義

曙戒勿怠後稺逢殃案稺驕也見重令篇注猶云朝勤而夕懈

見與之交案此謂面交而無實心與下心行對尹注非

言而不可復者案猶言雖悔莫追與下行而不可再義同尹注謬

權修篇有獨王者案上形勢篇獨王之國一本作獨任後解亦作任此王字蓋亦任之誤

立政篇相高下視肥墝觀地宜明詔期前後農夫以時均修焉使五穀桑麻皆安其處由田之事也案由疑司字之誤小匡篇云請立甯戚爲大司田

乘馬篇天地莫之能損益也案此明政者以地爲本若陰陽之化有餘不足皆天之事莫能損益故下云然則可以正政者地也此句當作天莫之能損益也地字衍

右陰陽案題謬甚此等皆後人妄增

汎山其木可以爲棺可以爲車斤斧得入焉十而當一案此與林所出同乃林則五而當一此則十而當一且蔓山所出與此亦略同而云九而當一文本自下而上既十而當一則當在蔓山之前蓋數目字易譌又傳寫晉亂不可攷矣

流水網罟得入焉五而當一案此當與澤爲類不當雜出於汎山與林閒亦傳寫錯也

七法篇猶立朝夕於運均之上擔竿而欲定其末案朝夕謂測景之臬故云欲定其末言不可定也

猶左書而右息之案作書者自右向左而止令反之也

故不爲重寶虧其命故曰令貴於寶案故字當衍命當作令觀下文自明

故蚤知敵人如獨行案獨行卽上所謂獨出獨入

故有風雨之行故能不遠道里矣案上故字衍觀下文自明

幼官篇若因夜虛守靜人物人物則皇案下云尊賢授德則帝身仁行義服忠用信則王審謀章禮選士利械則霸云云疑本以皇帝王霸爲次與下諸句相連若因

二字不知何字之誤夜字後圖作處蓋處字古作処因譌爲夜兩人物字疑皆衍文處虛守靜則皇所謂無爲而人自化正與尊賢授德則帝句相對既多誤衍又轉寫錯亂孤縣在首與下文不相屬遂令讀者芒然丁君士涵說小異

此居圖方中案此篇以政治條目分系中央四方蓋放洪範九疇而圖之左右以便觀覽及削簡著書不能爲圖則於篇中記其方位後人循之復作幼官圖傳者兩存其文遂前後複出

說行若風雨發如雷電說字疑衍

五輔篇朝廷兇而官府亂案說文兇擾恐也與上朝廷

閒而官府治相反

宙合篇猶夏之就凊冬之就溫可以無及於寒暑之菑矣案夏就凊則無及於暑冬就溫則無及於寒以喻賢人之沆抑以辟罰靜默以侔免也宋本及作反形近而譌

夫行私欺上傷民失士此四者用所以害君義失正也案君字疑衍

泉踰瀷而不盡案踰疑輸字譌

八觀篇稼亾三之一而非有故蓋積也則道有損瘠矣損疑當作殞然尹注本已誤故釋爲毀損

法禁篇不貴其人博學也案博學與上下文不相比坿

據下引泰誓之文又云君失其道則大臣比權重以相舉於國小臣必循利以相就疑此學字乃舉之譌

毋事治職但力事屬私案下句力事二字疑當衍其亡王官私君事去非其人而人私行者聖王之禁也案此文不可通疑有衍誤當作王官私非其人去君事而私行者聖王之禁也衍一人字又上下倒

側入迎遠尹注云側身而入國挺出而迎遠案據注疑當作側入挺迎與上隱行辟倚對文

法法篇凡論人而遠古者無高士焉尹注云高士必順考古道也疑正文遠字當作違

兵法篇遠用兵則可以必勝案遠疑當作速所謂兵貴

神速即上風雨雷電之喻是也速譌爲遠猶孟子舜禹益相之久速誤爲相去久遠也

大匡篇諸侯之君不貪於土貪於土必勤於兵案此言諸侯之君不貪於土則已若貪於土則必勤於兵也檀弓伯氏不出而圖吾君伯氏茍出而圖吾君申生受賜而死句法正同或欲改不字作必非也

楚國之教巧文以利不好立大義而好立小信案下二句涉下文而衍上衞魯二國亦只一句

蒙孫博於教而文巧於辭劉注云蒙孫小匡作曹孫案曹字形似曹再誤爲蒙下蒙孫同

狄人伐尹注云謂入伐齊案據注則人乃入之譌

中匡篇菀濁困滯皆法度不亾往行不來案此文幾不可讀矣疑皆下脫一字屬上爲句葢謂菀濁困滯皆疏決也來字當作爽爾雅釋鳥鷞鳩誤爲鶆鳩是其證與法度不亾爲韵尹注本已脫誤

小匡篇夫鮑叔之忍不僇賢人案忍當作忈古仁字也左傳正義引作不忍葢所見本已誤

是以聖王敬畏慼農案畏字疑亦農之譌

設問國家之患而不肉案肉疑當作恧說文恧慙也齊語作不疚音義亦俱相近

霸言篇重宮門之營而輕四竟之守案說文營帀居也字通作環宮門之營葢所謂環列之尹羣書治要引門

作闕蓋誤

彊國衆合彊以攻弱以圖霸宋本上彊字作弱案下文皆以彊國衆彊國少立文又云戰國衆戰國少戰國猶言敵國亦卽彊國也彊國衆未易幷吞故和彊以取弱彊國少則可收小國以自助而圖彊若弱國之多少何足計乎宋本非

自古以至今未嘗有先能作難違時易形以立功名者無有常先作難違時易形無不敗者也戴君望說先能二字倒是也自古以至今五字總下兩層常當作嘗下無字當作而未嘗有能先作難違時易形以立功名者十六字爲一句無有嘗先作難違時易形而不敗者也

十五字爲一句趙本句讀皆謬
問篇毋遺老忘親則大臣不怨案此卽所謂不施其親不使大臣怨乎不以也尹注不淸
鄉子弟力田爲人率者幾何人國子弟之無上事衣食不節率子弟不田弋獵者幾何人案此兩率字義同上謂率衆爲力田者下謂率衆不耕而弋獵者尹注不誤或援小匡篇十邑爲率之文以解率字殆非也
邊信傷德厚案邊信猶偏信與上小怒對文尹注爲邊人失信謬矣厚字依王氏雜志上屬是
戒篇秋出補人之不足者謂之夕白帖引夕作豫案夕字無義葢卽豫字象形字壞文之僅存者尹注無釋則所

見本末誤

靜然定生案然猶乃也見王氏經傳釋詞靜乃定生與下仁從中出義從外作句法略同所謂定而后能靜也尹注欲靜則生定文義倒置

葢人有患勞而上使之以時案患勞患飢患死三句皆承上文此句獨衍有字文不成義宜刪

賤妾聞之中婦諸子案諸子葢八子七子之類史記秦本記尊唐八子爲唐太后徐廣曰八子妾媵之號又穰侯列傳昭王母故號芈八子詳見漢書外戚傳葢其來久矣

妾人聞之案妾人猶言妾身長門賦妾人竊自悲兮善

注引此文爲證

地圖篇地形之出入相錯者盡藏之案藏疑識字之誤

參患篇懦弱則殺案此殺字當音所界反尹注不發音則與下文諸殺字混

道正者不安則才能之人去亾案去亾不辭疑當衍其一下文同

往夫具案往疑狂字之譌

制分篇故小征千里徧知之築堵之牆十人之聚日五閒之大征徧知天下日一閒之案丁君士涵云築當作一是也然此文疑有錯簡當云一堵之牆日一閒之十人之聚日五閒之故小征千里徧知之大征徧知天下

屠牛坦朝解九牛而刀可以莫鐵案莫鐵不可解莊子養生主釋文引此作剃毛疑誤倒作毛剃又聲轉爲莫鐵矣

君臣篇上猶揭表而令之止也案止當爲正之誤此與七法篇猶立朝夕於運均之上擔竿而欲定其末義同葢測景當立表平地若以手舉者何能定景此文揭字彼文擔字尹注並訓舉似不誤雜志謂擔爲搖誤夫立表運均而手擔之已不能定何待搖乎證以此文不煩改字

是故知善人君也身善人役也君身善則不公矣案知善者明其道身善者守其職君身善則所謂代馬走代

鳥飛矣公字疑法之誤下文云是國無法也無法即不法也

坐萬物之原而官諸生之職者也案坐疑主字之譌下文主身者正德之本也官治者耳目之制也亦主與官對舉

君臣篇下變故易常而巧官以諂上謂之騰案騰與滕古通說文滕水超涌也詩百川沸騰作騰騰即孟子所謂長君之惡也易傳滕口說也虞氏作騰亦其證雜志云官當作言是

從其欲阿而勝之案從字疑當讀爲縱此勝字蓋亦騰之誤

中民亂曰讐諄案諄乃詩字之譌下讐諄生慢花齋本作詩而它本亦譌諄其證也史記平原君列傳集解引劉向別錄飾辭以相悖悖誤作惇亦與此類

近其罪伏尹注云日期既近尙有不供者則加之罪以權伏之案如注則其當作期注中權字葢摧之譌

小稱篇民之觀也察矣不可遁逃以爲不善案不可八字當作一句讀尹注於遁逃斷句非

澤之身則榮去之身則辱澤字尹解爲粉澤曲案下文云審行之身審去之身疑此澤字亦行之誤

桓公管仲鮑叔牙甯戚四人飲案此節錯簡當在管仲有病節前

四稱篇吾亦鑒焉案此第一問不當云亦蓋以字之誤下有道之臣節吾以鑒焉朱本以作亦可證然安知諸亦字非皆以字之誤乎

收聚以忠而大富之案忠疑悳字之誤大富謂富有之猶言善人是富尹注非

居處則思義語言則謀謨案上下文三十句皆四字句有韵此二句獨五字不相叶乎蓋義字謨字後人妄增元文當以思謀爲韵

保貴寵矜案寵矜疑倒

侈靡篇地重人載毀敝而養不足事末作而民興之是以下名而上實也聖人者省諸本而游諸樂大昏也博

夜也案此文殆不可解之字疑當作化下上當互易樂
疑當作末而又有錯簡今更正之云地重人載毀㪉而
養不足大昏也博夜也聖人者省諸本而游諸末事末
作而民興化是以上名而下實也解曰庶而不富民生
困㪉如在大昏博夜聖人省諸本而游諸末者權也卽
下文所謂侈靡也事末作而民興化卽下文所云興時
化也上名下實卽下文所云賤有實敬無用也
賤有實敬無用則人可刑也案刑疑當作制
譪然若夏之靜雲乃及人之體鵑然若譪之靜案孫氏
淵如謂當作夏雲之靜是也及人之體謂能蔭庇人譪
疑當作歊鵑字不知何字之誤

動人意以怨句疑卽上文動人心之悲句誤衍

人所生往案疑當作人心所往猶云衆所歸往也心字誤生又倒

辟之若秋雲之始見賢者不肖者化焉案賢者二字疑當在辟之上謂賢者在上如秋雲之始見不肖者仰而化之猶離熱而得涼也

使其賢不肖惡得不化案使猶用也賢者見用則不肖者自化亦承上文

用貧與富何如而可曰甚富不可使甚貧不知取案此四句與上下文意義不屬當是它處錯簡

水平而不流案此上疑亦有錯簡

親左有用無用案有疑當作右尹注不知有字爲誤文以屬下句不可通矣

而祀譚次祖犯詛渝盟傷言案句不可解疑祀乃亂之誤俗書亂作乱也禮與神草書形似次字衍祖犯倒詛即祖字之譌衍文當作而亂神犯祖渝盟傷言犯祖見漢書翟方進傳

齊約之信論行也尊天地之理所以論威也論行上疑亦當有所以二字又此二論字疑並當作諭下必因成形而論於人論字同

薄德之君之府囊也丁君云薄當作博俞君樾云府當爲所案二説皆是也囊字疑當作洛誥汝乃是不蘉之

䙈釋文䙈莫剛反引馬氏云勉也與囊字形聲相近囊俗囊字

應言待感案言疑旹字之譌旹古時字下文云變之美者應其時之字本作其從雜志說

應風雨而種案種疑當作動

有革而不能革案據尹注則所見本有字作可

民从信諸侯从化案兩从字疑當作服承上不可服來古文服作𠬝與𠬝形近而譌化乃古貨字

請問諸侯之化獘案化亦讀爲貨獘與幣古通

獘也者家也案獘無家義疑帛之譌古文四聲韻引古文家字作𡨋與帛形近說文幣帛也

家也者以因人所重而行之此家字疑當作樂涉上而誤

民之所重飲食者也侈樂者也案兩者字疑衍

丹沙之穴不塞則商賈不處案上不字當衍言利源塞則商賈去也

富者靡之貧者爲之案靡與爲韵言富者能不恤其財則貧者不憚其勞

此百姓之怠生百振而食丁君云百當爲不是也怠疑當作治言此百姓之所以爲生貧富相濟不待上之振恤而自以得食也

爲之畜化案化亦當爲貨

收其春秋之時而消之案時疑當作財古音同部字形
亦近消蓋捎之借字說文捎自關以西凡取物之上者
爲撟捎解見段氏注
强而可使服事俞君云自强而可使服事以下凡七句
皆亾國之郄非美事案俞說是也然强而可使服事句
不辭疑有衍字謂以强服人也與下辯以辯辭智以招
請廉以摽人句法當一例
好緣而好駔案上好字疑當作惡謂惡華飾而好駔馬
也與上尊禮而變俗上信而賤文句法當一例
家小害以小勝大案家疑蒙字之譌
而復畏强長其虛案此謂示以愞怯因以長彼之虛憍

益驕敵之術也

而物正以視其中情案物如射禮物長如笴之物射者所立處也窺彼盈虛以爲進退此篇故多陰符家言

强與短而立齊國之若何案短字疑亦强之誤國當爲圉與御通强與强而立齊謂强臣竝立也故下言御之之術

大有臣甚大將反爲害案上大字疑當作夫

不謹於附近而欲來遠者兵不信案兵當爲民下則兵遠而不畏兵字同

樂聚之力以兼人之强案上之字益己之譌尹注云好自勉以聚力是所見本未誤

大王不恃眾而自恃案無緜闌入大王疑是人主二字之譌尹注引亶父釋之非

眾而約實取而言讓案尹注於約下絕句非是實乃寡字之譌當屬上爲句眾而約寡謂行之者眾則餘者不約而自從觀下文自明與取而言讓句例相同宋本約作納與尹注約束不合益譌字

長喪以黜其時重送葬以起身財案黜字不知何字之誤尹注舛謬無從攷證而就其意審之疑喪上當有居字身字當作其句法一例

鄉殊俗國異禮則民不流矣不同法則民不困案矣字不知何字之誤當屬下爲文今本作矣遂以屬上句之

末非也

市也者勸也勸者所以起本善而末事起不侈本事不得立案勸字疑觀之誤讀如觀兵之觀此文疑有錯簡當云市也者觀也觀者所以起末而善本末事不侈本事不得立此侈靡本旨

水鼎之泪也人聚之案鼎當爲泉因鼎字隸書或作鼎而譌尹注謬

故動化故從新案此言故動而化故從新也承上能摩故道新道來尹以三字爲句謬甚

不擇君而使案君當爲羣之壞文

士能自治者不從聖人案從疑當作待孟子曰待文王

而後興者凡民也若夫豪桀之士雖無文王猶興從字義不可通

然後運可請也丁君云請當作謀是也疑運謀二字當互易

故國無罪而君壽而民不殺罪疑罰字之誤

其滿爲慼慼疑盛字之誤

唯聖人不爲歲能知滿虛案不歲二字疑衍

心術篇上故曰心術者無爲而制竅者也故曰君無代馬走無代鳥飛案上故曰二字雜志云衍是也術字亦疑衍文尹注云心無嗜欲之爲故能制於九竅亦無術字可證故曰君三字當連此正解上文心之在體君之

位也趙本以君字下屬尹注意亦如此謬

此言不奪能能不與下誠也案上能字疑當作人誠乃試字之譌古能字讀如耐不奪人能不與下試能與試爲韵趙本於上能字斷句謬

世人之所職者精也案世當作聖

修之此莫能虛矣案能讀爲而而如古通用

無慮則反覆虛矣案覆當爲復篇末云復所於虛

應也者非吾所設故能無宜也案能字疑衍下云因也者非吾所顧故無顧也亦無能字

闕其門案上文作開其門疑皆闕字之誤此言收視返聽也

心術篇下無以物亂官案此謂耳目口鼻之官也尹注云貪賄則官亂謬

民人操百姓治道其本治也至不至無非所人而亂案至不至疑當作本不至承上句而言也無字當衍非所人而亂謂不能人其人也尹注以至不至無爲句文不成義

昔者明王之愛天下案王疑當作主下暴王同

白心篇兵不義不可案不可下當有脱字

𩏑乎其圜也𩏑乎莫得其門案樞言篇作湑湑乎博而圜豚豚乎莫得其門疑此文有誤

置常立儀能守貞乎案貞疑當作眞與下人字韵

知人曰濟自知曰稽案濟疑當作齊齊速也卽徇通之義與稽韵

內固之一可爲長久論而用之可以爲天下王案長久疑當倒與王爲韵

篡何能歌案據尹注前歌後舞云云疑正文歌下本有舞字

水地篇集於天地案集疑準字之誤下集於諸生集於草木竝同

男女精氣合而水流形案依尹注水字衍

四時篇愼使能而善聽信之案此上諸信字雜志以爲衍是矣此信字葢亦當衍下文聽信之謂聖亦當作善

聽之謂聖而衍信字聖字本从耳風俗通云聖者聲也言聞聲知情

惛惛而忘也者案而讀爲如言惛惛如忘也尹注以上惛字屬上使不能爲爲句不成文理篇首云五漫漫六惛惛則惛惛二字連文明矣

中央曰土案此節不當錯出於此當在下文夏雨乃至也下

五行篇然則水解而凍釋草木區萌贖雜志云水當作冰是也贖字疑當作瀆上有脫文四時篇云春三月三政曰凍解修溝瀆

任法篇莫敢高言孟行以過其情以遇其主矣案孟疑

猛之借字以過其情以其二字疑衍遇如遇主于巷之遇謂詭遇也尹注未得

皆囊於法以事其主案此囊字疑亦當作橐說見上

其殺戮人者不怨也其賞賜人者不德也宋本無下者字案疑兩者字皆衍

外内朋黨雖有大姦其蔽主多矣案有當作無

封禪篇尹注元篇亾今以司馬遷封禪書所載管子言以補之案小司馬索隱云案今管子書其封禪篇亾正與此注合此篇尹注多取裴駰集解其移補無疑而倘書序正義及禮記王制正義文選羽獵賦注引古者禪泰山封梁父之文皆偁管子豈所見皆即移補之本邪

小問篇凡牧民者必知其疾而憂之以德案憂古優字說文引詩布政憂憂今作優是也

昔者吳干戰案干疑即干越之干史記貨殖列傳郢之後徙壽春與閩中干越雜俗今本或作于越誤說詳王氏讀書雜志漢書十四荀子一淮南一

七臣七主篇或以平虛論七主之過陳君云過當作道是也案篇中次序七主在前七臣在後題亦當作七主七臣今本主臣互倒

申主案上文先六過後一是此申主所謂一是者也不當先於六過蓋錯簡說見下

苡主通人情以質疑案苡主與上復疑苡乃荒之壞文

又通人情以質疑不得爲過疑有誤

故主虞而安吏肅而嚴民樸而親官無邪吏朝無姦臣下無侵爭世無刑民案此七句與上文義不接蓋正與申主節則民反素也相貫吏肅而安承任勢四句民樸而親承民反素句官無邪吏四句總承上二項則前文之爲錯簡明矣雜志謂有脫文非

故一人之治亂在其心案自此至名斷言澤千餘言橫亙於中與上下文皆不相接蓋它篇錯簡

商宦非虛壞也案商宦二字疑宮室之誤尹注徒望文爲說

夫凶歲雷旱案雷旱二字不相比坿據下文云非無雨

露則此句專言旱疑雷乃菑字之譌

馳車充國者追寇之馬也尹注訓追爲召疑本作招寇

無實則無勢案勢疑本作埶譌爲埶後人又增力

好佼反而行私請劉注疑反當作友案佼字本作友譌爲反兩本竝存遂爲衍字且此處不得有友字

居爲非母動爲善棟案居爲非母謂陰爲衆惡之母動爲善棟謂襲衆善以自予也棟者椽所聚

以非買名以是傷上非是二字疑當互易謂己擅其功歸過於上也

而衆人不知之謂微攻案七臣亦六過一是此止存六過蓋下有脫文

禁藏篇夫明王不美宮室非喜小也案王乃主字之譌小字不與美對疑本作陋

故先慎於己而後彼官亦慎内而後外案陳君謂彼字衍非也彼與己正相對正承篇首以此制彼以己知人來疑當衍於字官字當作臣

謹其忠臣案謹乃諜之譌說文諜軍中反閒也

離氣不能令必内自賊尹注君臣意離別不可使令既不命則自相殘殺案注中別字乃則之譌既不下脫能字命當作令由是觀之則注文之脫誤多矣其不通處非盡尹氏之過也

入國篇不耐自生者案耐讀爲能

上收而養之疾官而衣食之案十一字作一句讀謂收養於主疾之官而給之飲食也尹注以疾字斷句非

九守篇刑賞信必於耳目之所見則其所不見莫不闇化矣案兩見字疑當作及

度地篇上相穡著者所以爲固也尹注穡鉤也謂荆棘刺條相鉤連也案穡無鉤義疑正文穡字本作稽急就篇沽酒釀醪稽極程極乃檄之譌字稽檄卽積檄也說文引賈侍中說稽樟穡皆木名積檄樹枝句曲荆棘亦似之故云相稽著說文稽留止也尹所見本未誤故訓鉤今正文與注誤爲穡不可通矣

地有不生草者必爲之囊案囊疑壤之誤

地員篇墳延者六施案墳延卽周官大司馬之墳衍鄭注水厓曰墳下平曰衍下文亦云在墳在衍延衍古通

山之材其草兢與薔陳君云材當爲側是也葢側字壞文作則譌爲財三寫成材矣側與薔韵兢疑苑之譌

辥下於萑劉注萑音追芜蔚草也一作蓷案芜乃茺之譌詩中谷有蓷釋文引韓詩云茺蔚也

敊尹注音形案形乃彤字之譌說文敊音徒冬切與彤同音玉篇廣韻集韻竝同

無高下葆澤以處案上句當作無高無下下與處爲韵上文云若高若下不操疇所下與所爲韵句法一例

皆宜竹箭求黽楢檀案上文五粟之土云俱宜竹箭藻

龜楢檀文句相同疑此文之求黽即彼文之藻龜而皆有誤爾雅釋木椋即來說文同郭注云中車輞則亦堅木與楢檀類玉篇棶椋也集韻棶木名古通作來疑求乃來字之譌藻又椋字之譌也黽龜二字不知孰誤

其林其漉案易屯六三即鹿無虞釋文引王肅作麓云山足鹿蓋麓之借字疑此文本作鹿誤增水旁

其種忍蘟案爾雅作隱荵齊民要術同

其種陵稻尹注陵稻謂陸生稻案依注則陵乃陸字之譌內則淳熬煎醢加于陸稻上正義云陸稻者謂陸地之稻也

弟子職篇置醬錯食案錯猶置也下文云凡置彼食是

也朱本譌爲醋惠氏天牧遂改爲醘誤矣
攘臂袂及肘案臂字衍不可通注云恐溼其袂是本無臂字
坐板排之案板乃扱字之譌曲禮云以箕自向而扱之鄭注扱讀爲吸謂收糞時也尹此注云扱穢時以手排之也葢所見本扱字未誤今則幷注譌爲板字矣
形勢解人主去其門而迫於民案去其門不辭疑門乃闔字之壞文闔說文作𨷻宮中道从口象宮垣
備利而偷得案備疑本作葡乃苟之譌字苟同亟急也下文云其得之雖速其禍患之至亦急是其證作備無義

明主不用其智而任聖人之智案聖當作衆花齋本不誤下云故以聖人之智思慮者聖字亦當作衆

亂主獨用其智而不任衆人之智案此正與上明主相反也衆字不誤宋本朱本及羣書治要引作聖非

臣乘馬篇故春事二十五日之內耳也丁君云耳當爲畢案耳猶而已也已止也文可通不煩改字

海王篇吾欲藉於臺雉何如案臺雉疑誤輕重甲篇作室屋國蓄篇作室廡其文與此大同臺與室形近又屋字古文作臺與臺字尤易相混

鹽百升而釜尹注鹽十二兩七銖一黍十分之一爲升案依下注一釜之鹽七十六斤十二兩十九銖二纍百

分之則此當云十二兩六銖九纍一黍十分之二爲升蓋傳寫脫誤

釜五十也尹注每一斗案斗當作升

行服連軺輦者雜志云輦當依朱本作輂案尹音居玉反則所見本作輂不誤

國蓄篇愚者有不賡本之事案賡與庚更通後山國軌篇亦作庚史記平準書悉巴蜀租賦不足以更之集解韋昭曰更續也或曰更償也償續義亦相因

山權數篇故王者歲守十分之參三年與少半成歲三十一年而藏十一年與少半藏參之一不足以傷民而農夫敬事力作雜志云三年二字衍成歲者順成之歲

也藏十一年衍一字言順成之歲三十一年而藏其十
年與一年之少半是所藏者爲三十一年中三分之一
也案王衍三年字及解成歲得矣餘說嫌迂曲竊謂十
一兩字皆當衍與少半三字當在藏參之一下令更定
之云故王者歲守十分之參與少半成歲三年而藏十
一年藏三之一與少半不足以傷民而農夫敬事力作
解曰少半者三分之一也令歲收十分而三分之則每
分得三又三分其餘分得三三三不盡是爲少半也成
歲三年而藏十者歷三年而所藏積九分又九九九不
盡合之而成十也一年藏參之一與少半卽承上守十
分之參與少半而言（卽所得三分又三三三不盡）以明其不傷於民

而又不至狠戾也曰歲曰年皆舉時而言曰少半曰參之一皆舉歲收之分而言語自有倫不得相混而備藏十年與少半也乘馬數篇云人君之守歲藏三分此三分兼小分少半而言十年則必有五年之餘雜志云五當爲三是也十年者要其終言之其實九年而已足

綪絠案絠字疑卽綪之異文說文茜茅蒐也段注以爲卽倩字又云綪以茜染故謂之綪蓋古音西青相近故綪或作絠後人不察而竝存之

山至數篇梁聚案如前事語篇佚田此篇梁聚請士特及輕重甲篇癸乙乙篇癸度衡藎皆寓言實無其人

外皮幣不衣於天下內國傳賤戴君云御覽治道部引

無外字內作則案御覽所引蓋猶舊本也內字蓋本作而而卽則也見經傳釋詞形近譌爲內後人遂於上句妄增外字

地數篇故先王各用於其重俞君云各當作託案疑本作度字度古作庀與各形聲俱近而誤下文云先王權度其號令之徐疾高下其中幣而制下上之用是也國用篇作故託用於其重託亦庀字之譌

揆度篇桓公曰事名二正名五而天下治何謂事名二案桓公曰三字疑當在何謂上

此乃財餘以滿不足之數案財乃裁之借字易泰大象傳后以財成天地之道財荀氏作裁

一歲耕五歲食粟賈五倍一歲耕六歲食粟賈六倍二年耕而十一年食案五歲六歲正得十一年丁君云當作十二年非

我動而錯之天下卽已於我矣案已字疑衍

艮萌也案萌卽民也說文民眾萌也

輕重甲篇伊尹以薄之游女工文繡纂組案薄卽亳也下文云夫湯以七十里之薄是其證舊本於之字斷句謬

故聖人善用非其有使非其人案故聖人善貫下二句用非其有卽所謂來天下之財使非其人卽所謂致天下之民事語篇云佚田謂寡人曰善者用非其有使非

其人與此正同舊本乃於善用斷句謬甚

跱蓄之家案跱當爲峙費誓峙乃糗糧說文作偫

弓弩多匡軫者案考工記則輪雖敝不匡注匡枉也

魚以爲脯鯢以爲殺案魚字疑脫右旁

則是下艾案艾刈古通下艾謂去其本下文今操不反

之事不反二字疑下艾之譌

輕重乙篇癸度案卽揆度也

有雜之以輕重案有當爲又

甯戚鮑叔隰朋易牙案易字衍牙字當枉鮑叔下

以是與天子提衡爭秩於諸侯案子疑當作下

輕重丁篇賁洓爲鹽案洓疑沸字之譌

桓公舉衣而問曰宋本元本衣作哀案疑𧘝字之譌

論議玄語案玄疑當作互

輕重戊篇管子曰狐白應陰陽之變案管子曰三字當衍

離枝遂侵其北案上文已云離枝聞之遂侵其北疑此文侵字當作取

輕重己篇此三人者案猶言此三等人也雜志謂衍人字非

觀於外祖者案上文作祀於太祖此觀字外字疑誤

同治丁卯德淸戴望子高以所箸管子校正見示中多述王氏讀書雜志及陳君奐俞君樾丁君士涵之說予

爲覆校一周閒有所窺埘識眉上君亦頗見采孱癸酉之春戴君歸道山其書前已刻成二卷同人謀葳其事不枉君數載苦心矣然管子書殘缺舛誤自宋已然封禪篇唐已缺又古類書引者甚少無可旁證今雖稍爲之補苴於全書不過十之二三至於眞雁雜糅及後人所竄亂皆不可得而理也

韓非子初見秦篇世有三亾而天下得之案三亾卽下所云以亂攻治者亾以邪攻正者亾以逆攻順者亾今本脫此宊依秦策補三端也天下二字承上臣聞天下云云來謂天下之攻秦者犯此三亾也注乃云知三亾者得天下不解其所謂

荆王君臣亾走東服於陳案服當依秦策作伏史記楚世家頃襄王二十一年秦將白起遂拔我郢燒先王墓夷陵楚襄王兵散遂不復戰東北保於陳城六國表作王亾走陳白起列傳作東走徙陳故云伏謂竄伏也此秦昭襄王二十九年事也秦策以此篇爲張儀說秦王文案儀以秦武王元年去秦入梁在前三十三年矣又下文偁秦攻魏軍大梁白起擊魏華陽軍及長平之事更在其後足以明國策之誤矣

弃甲兵弩戰悚而天下固已量秦力二矣上六字策作棄甲兵怒戰慄而卻案弃甲兵弩言不成文策作怒亦不可通疑皆有誤卻字則當依策補

以代上黨不戰而畢爲秦矣以字疑卽上句也字譌衍秦策無

拔荆東以弱齊强燕强字衍秦策無

於是乃潛於行而出宋本道藏本竝同今本作潛行無於字秦策呂氏春秋淮南子皆然或以爲於字衍案於疑游字之譌葢韓子作游它本作行讀者旁注異文轉寫竝存又以形近譌爲於耳游者泅水也此時城爲水灌不没者三版故泅水而出

知伯之約知伯上當有反字趙本依秦策補宋本道藏本竝脫

齊燕不親案依上文親當作弱

墨子辭過篇冬則凍冰夏則飾饐飾饐二字不可解經訓堂校注本云飾若覆食之幂與凍冰義不相對羣書

治要引作餕饐案玉藻日中而餕鄭注餕朝食之餘也論語有酒食先生饌鄭本作餕云食餘曰餕玉篇饐饐餲臭味變餕饐者食有餘而味變也或云餕當爲酸酸饐與上凍冰對

呂氏春秋序意篇惟秦八年歲在涒灘秋甲子朔案歲陽歲名雖見爾雅而古書用歲名者僅見此若楚詞之攝提貞于孟陬自謂月建史記天官書大角者天王帝廷其兩旁各有三星鼎足句之曰攝提攝提者直斗杓所指以建時節故曰攝提格王叔師誤以太歲釋之閻氏百詩以授時術我友顧君觀光以三統術推得始皇八年七月甲子朔然是年實壬戌當爲閹茂非涒灘錢少詹事以歲有超辰爲解超辰之說始於劉歆古法無

之今姑依三統積年求得是年歲星在壽星太歲在作鄂仍差一次王氏雜志用許周生說以八年爲六年之誤而六年秋無甲子朔無以定其果是也

淮南子天文訓太陰在卯歲名曰單閼注單讀爲明陽之明（據莊刻本）案單字斷無明音葢本作闡揚之闡誤寫耳然單雖有齒善一切讀爲嘽緩之嘽而據下文單閼之歲注云單盡則本讀爲殫此讀闡之音葢後人旁增非高注也

覽冥訓田無立禾路無莎薠（雜志云當作薠莎）金積折廉壁襲無理雜志云理文子上禮篇作贏贏當作羸與禾莎施爲韵案疑理字本作蠡蠡有力底力戈二音此文與禾

莎施爲韵當讀力戈反後人誤讀力底反音近誤爲理然文子自作贏故誤爲羸若非文子則無從悟此文理字爲蠡之誤矣篆蠡即贏也

齊俗訓其兵戈銖而無刃雜志謂衍戈字引文子其兵鈍而無刃爲證案高注云楚人謂刃頓爲銖字書韵書無訓銖爲頓者直是鈍字之譌鈍古通作頓

文以靑黃絹以綺繡案說文絹繒如麥稍色絹以綺繡不辭絹疑繢字之譌說文繢綱紐也謂以綺繡結之

莊子養生主爲善無近名爲惡無近刑兩無字皆轉語辭與無乃將無得無辭氣相近在宥篇人大喜邪毗於陽大怒邪毗於陰句法正相類敬齋古今黈以爲無爲

善以取名無爲惡以取刑顛倒其字非漆園意

文選洞簫賦注云大者長三尺四寸案郭注爾雅大簫長尺四寸周官小師疏引通卦驗三禮圖藝文類聚引通卦驗皆同此云三尺四寸三字蓋衍文又子淵所賦疑今單簫有旁孔而無蠟底者注以爲編簫恐非

長笛賦蒯聵能退敵不占成節鄂案襄二十五年左傳有申蒯韓詩外傳作荆蒯芮說苑作邢蒯聵蓋本一人又外傳有陳不占二人皆死崔杼之難者故連類及之注既引外傳陳不占事而於蒯聵則以衛莊公當之得一而遺一何也又賦文退敵二字無謂疑赴敵之誤

李少卿荅蘇武書胡笳互動善注引說文作葭玉篇葭

下引此文作胡葭互動云今作笳案今說文葭篆下但云葦之未秀者是有脫文也

樂府詩集焦仲卿妻篇案此詩之作人共知其序小吏伉儷之篤夫義婦貞固然抑知有微意存焉小吏之母苛細人也蓋其待婦過嚴而蘭芝者巧慧有餘和婉不足小吏則愛妻而不知勸誨彼於爲姑爲婦爲夫之道皆有闕焉故一言激烈便爾遣歸怨讟之餘成此事變婦不能事姑子不能事母而姑之不能慈婦更無論矣作詩者直陳其事曲折詳盡令人言下自見而終之曰多謝後世人戒之慎勿忘奈何讀者但賞其詩之奇麗歎其情之慘烈而不究作者命意所在耶或者并此詩

而訾之是聞者不知戒而以罪言者也

舒埶室隨筆卷六

南匯張歗山先生者古博覽不求聞達仁壽耳其名殆二十年僻居家衖末由奉手同治丙寅春之金陵舍于書局迺獲與先生同研席時方校栞太史公書每遇疑義輒鉤稽同異往復商榷先生所爲別籑札記者也先生之學於名物訓詁六書音均樂律中西算術靡不洞澈原流所爲詩古文辭空諸依傍直抒所見自無馳騁叫囂之習所箸如春秋朔閏攷古今樂律攷羣經寇亂散失未遑整比此隨筆六卷乃筆於羣書簡端者暇日自錄成袠仁壽因寫臧其副癸酉冬先生以年老告歸亟從臾其先授之梓若詩古文辭則編刊尚有待云甲戌秋九月海甯唐仁壽跋于治城書閣